副業だからリスクゼロ
インターネットを使った
コーチング・ビジネス

ネット・コーチングで開業しよう！

コーチング実践会代表
杉本良明
Yoshiaki Sugimoto

同文舘出版

まえがき

個人が仕事の目標達成や自己実現のためにコーチを持つことは、いまや特別なことではない時代になってきました。

個人がコーチを雇うという動きは1990年代の後半から米国において盛んになりました。これはパーソナル・コーチングと呼ばれます。パーソナル・コーチングとは、通常、電話でコーチが契約したクライアントをサポートする行為をいいます。

21世紀に入って、日本でもパーソナル・コーチングは急速に普及し、コーチングを受ける人は急増しています。またコーチの教育プログラムもいくつか販売されており、たとえば、㈶生涯学習開発財団認定コーチ資格をとった人は、2005年末で1400名を超えました。

「ネット・コーチングって何のこと？」

この本を手にとったあなたは、多分こう思われたことでしょう。本書ではネット・コーチングという言葉を、「パーソナル・コーチングというサービスをインターネット経由で売る」という意味で使っています。

いま、インターネット上の店舗、いわゆるネットショップは大流行です。そして、私たちの生活に定着しつつあります。

ならば、コーチングというサービスも、インターネットで売れるはずです。

いや、コーチングこそインターネットで販売するのが最もふさわしいサービスなのです。

コーチの人となりは、ホームページを見てもらうのが、一番わかりやすいからです。

私は3年前にコーチングに出会い、コーチングを学び始めました。しかし、平日は会社に出ています。自由になる時間は夜か早朝、そして週末しかありません。コーチングで開業するとすれば、インターネット・オンリーで「週末起業」するしかありません。

しかし、あえて言います。コーチングは週末起業で開業するのが、最もふさわしいのです。

コーチングを受ける人の大半は、昼間仕事をしているビジネス・パーソンです。

ということは、コーチングしようにも、昼間は相手が家にいないことになります。したがってとくに昼間の仕事をやめる必要はないわけです。

そういう理由で、私は開業以来、インターネット・オンリーでの週末起業にこだわってきました。

ホームページを持っているコーチは、私がコーチングを始めた当時からたくさんいました。

しかし、ネット・コーチングを積極的に実践したのは、私が日本で最初ではなかったかと思います。私のサイト『コーチングを受けてみませんか／コーチング実践会』は、「コーチング」で検索すると、ヤフー、グーグルとも1位表示されます。この状態は現在にいたるまで2年半以上続いています。その結果、クライアントが常時20名を超える状況を維持しているのです。

コーチングをしていると、当然のことながら、人間関係に恵まれます。いままでコーチングした方の職業は、実に多彩です。中間管理職のビジネス・パーソンが多いのですが、たとえば医者なら内科医、耳鼻科医、歯科医、獣医の先生、いわゆる士業《さむらい》では、弁護士、公認会計士、中小企業診断士、社労士、経営者では食品、ＩＴ、印刷、美容院、英語学校などです。

クライアントになっていただいたのは、私と何がしか反《そ》りが合ったためですから、「話していて楽しい」という方が大半です。

これ以外に、体験コーチング（トライアル）を体験していただいた方は４００名を超えます。実に多くの世界を垣間見てきたことになります。

最近はコーチ業をめざしておられる方も数多く、そのような方にもコーチングをしているのですが、クライアント同士を実習相手として紹介してマッチングすることで、また新たな人脈を再生産しています。

そのほかにも私のホームページ（ブログを含めて5サイト）を訪れる延べ人数は、1日１０００名弱といったところです。いまではこれだけの方が私のホームページを見てくださるのです。

昔は毎日会社と自宅を往復するだけで、知り合いといってもごく少数だったことを考えると、夢のような状況です。この恵まれた人間関係を心から喜んでいます。

今後ともコーチング人口は増え続けるに違いありませんが、この本を手にされたあなたも、ぜひコーチング活動を通して充実した人生を味わっていただきたいと思います。

本書が少しでもコーチ業を志す方々のお役に立つことを願っております。

最後に、本書を出版する機会を与えてくださった同文舘出版の古市達彦氏、出版企画書作成をご指導くださった出版塾の畑田洋行氏、原稿に目を通して貴重なご意見をくださった京都大学院生の藤本康子さんに、改めてお礼を申し上げます。

二〇〇六年　初春

杉 本 良 明

CONTENTS

ネット・コーチングで開業しよう！　目次

CONTENTS

CONTENTS

カバーデザイン　コミュニケーションアーツ
DTP　一企画

1章

最高に生きがいを感じる仕事「コーチング」

～あなたもノーリスクで始められる

1 コーチングとの出会い

ネットで出会ったT先生

以前、仕事で行き詰まったことがありました。

会社や家庭に相談相手はおらず、自分で抱え込むうちにうつ状態が続くようになり、夜中に飛び起きてしまうほど、切羽詰まった状態になってしまいました。恥ずかしながら、こうなるともろいものです。

「このままではつぶれてしまう……どうしたものか」

と思いながらインターネットを検索していたところ、中小企業診断士（コンサルタント）のT先生のホームページに行き当たったのです。脱サラして診断士をやっておられるのですが、理念といい、志といい、誠にすばらしい。

「この人ならヒントをくれるかもしれない」

文面を見ていてそう思いました。

私も必死でしたから、無謀ではないかとかなり躊躇したのですが、思い切ってメールを送り、事情を打ち明けてみることにしました。努めて簡潔には書いたつもりです。驚いたことに1時間ほどでメールが返ってきて、こう書かれていました。

「貴君が自身の大切な問題を見ず知らずの私に打ち明けてくれたことを感謝します。私が一方的にあれこれ指摘しても、的外れもあるでしょうし、一度会いませんか？　一緒に考えましょう」

T先生とは翌日にお会いすることができました。開口一番、「すべて吐き出してください。私には守秘義務がありますから」といってくださり、救われた思いでした。私は長時間かけて洗いざらい話し、T先生は聴き役に回ってくれました。

あとで知ったのですが、T先生は独立して自営のコンサルタントとして歩む過程で、うつで2回も療養生活をしておられたのです。そのせいもあってか、私への接し方は実に温かいものでした。

私が語り終わると、「自分は聴いていてこう感じたのだが、君はどう思うんですか？」とT先生が質問するスタイルで会話が進みました。具体的なアドバイスはとくにありませんでしたが、実によい質問を返してこられました。

それはカウンセリングでもコンサルティングでもありませんでした。いまにして思えば、**そ**

れこそがコーチングだったと思います。

私はそのときまでひとりで考え込むばかりで、堂々巡りから抜け出せずにいました。T先生に話すことで、自分のおかれた状況を整理し、外側から距離をおいて問題をとらえ直す機会が与えられました。振り返ると、そのときのコーチングをきっかけに私は立ち直るヒントをつかんだといえます。いわばコーチングに救われたわけです。

この体験が忘れられず、いまでは自分がコーチングをする立場になりました。

ピンチの陰にチャンスありといわれます。行き詰まりを感じたときこそ、新たな道が開けるのだと思います。ひとりで思い悩むのも悪くはありませんが、対話によって思わぬ気付きや確信が得られるものです。自分のなかにある答えは、話すことによってずいぶんと形になりやすくなります。

T先生にヒントをいただいたのはもちろんですが、T先生の他人を支える能力と、その志の高さに大いに感化されました。悩んでいた私は、自分も他人を支えられるような人にならなくては、と目を開かれた思いでした。自分も人を支えることをライフワークにしたい。T先生と出会って、そう思い始めました。

2 開業を決意する

週末起業に注目し、ホームページを開設

以前、NHKの特集番組で、ストレスに悩む米国のエリート・ビジネスマンが、電話でカウンセリングのようなサポートを受けているのを見たことがあります。しかし、T先生に出会ったころは、コーチングという言葉の存在すら知りませんでした。後日、コーチングという言葉に出会って、インターネットを検索していくうち、

「あ、これをコーチングというんだ、これだこれだ」

と思った次第です。

インターネットを検索してみると、数々のコーチのホームページに行き当たりました。無料でコーチングの体験ができるというので、申し込んでみました。4人くらいお願いしたと思います。はじめは、「コーチングをやっていてどうですか?」というような情報収集から入ったのですが、すぐに「自分もコーチングをやってみたいが、どうでしょうか」という内容に変わり

ました。２人のコーチから、「あなたは向いていますよ。がんばってください」と背中を押していただき、自分もコーチングを始めようと決心しました。

コーチ21という会社による、ＣＴＰ（コーチ・トレーニング・プログラム）という電話会議を使ったオンライン講座があります。これは当時52万５０００円と高額で、ずいぶん躊躇しましたが、参加することにしました。

大金をはたいて参加する限り、開業の目処《めど》をつけなければなりません。当時は藤井孝一さんの『週末起業』という本が出て、週末起業という言葉が少しずつはやり始めた時期でした。私も「コーチングをやるなら週末起業でいこう」と心に決めました。

週末起業にはインターネットの活用（ホームページ）が不可欠です。

さっそく、コーチングのホームページ制作に着手することにしました。もちろん、市販のホームページ作成ソフト、ホームページ・ビルダーで自作です。そのときつくったホームページは稚拙なもので、あちこちの文献やサイトを参考にして体裁を整えたものでした。もちろん、それ以降、何度となくホームページに手を入れ、今日にいたっています。

コーチングを受けつつ、実習相手を探す

さらに当時はコーチング業界の右も左もわからなかったので、水先案内人が必要だと思いま

した。そこでインターネットで検索すると、母校のOBのY氏が会社をやめてコーチ業をされているのが見つかったのです。さっそく連絡をとって会ってもらうことにしました。

Y氏は飾らない人で、先輩後輩ということもあって話が弾みました。その勢いでY氏に自分のコーチをお願いすることにしたのです。「料金は?」と聞くと、「いくらでもいいよ」とのことです。こうしてY氏とのセッションが始まりました。

自分がコーチングを受けるほうはこれでOKです。次は自分がコーチングをするほうです。いきなりお金をとってコーチングするわけにはいきませんから、最初はだれでも無料の実習から始めます。そのために実習相手を探す必要があります。

知人の男性2名に声をかけたのですが、何か不安を感じたのでしょう、断られました。3人目に声をかけたのが、あまり親しいとはいえない知人の女性でした。メールでお願いしたのですが、返事が返ってきません。「何かまずいことでもいったかな?」といぶかっていたところ、3日ほどして長文のメールを頂戴しました。

「自分はいま離婚調停中だから、コーチングを受けるとなれば、この件に触れざるを得ない。あなたにその心の準備はありますか。あるなら実習相手になってもいいですが、ないなら遠慮させてください」

というものでした。

「これは最初からエライことになった」

と思ったのですが、いまさらあとには引けません。

「かまいません。よろしくお願いします」

ということで始まったのです。

コーチングでコーチとクライアントが定期的に行なう対話はセッションと呼ばれます。

第1回目の電話セッションは、相当に緊張しました。もちろん初回はカウンセリングのような雑談のような、得体の知れないセッションとなりました。

こうして、週1回、3カ月の実習が始まったのですが、巷間のコーチング書籍に書かれているようなスキル中心の会話術はまったく役に立ちませんでした。格好をつけることなく、全人格で彼女と向き合う、これしかなかったのです。会話術などそれこそ二の次、三の次だったわけです。

話の内容も目標達成路線と根本的に違いました。私は彼女の気持ちをまずは受けとめる、カウンセリングに限りなく近い路線からコーチングに入ったわけです。ともあれ、最初から自分なりのコーチングのスタイルを模索せざるを得ない状況に追い込まれたわけです。

CTPは申し込みから受講の開始まで、ひと月ほど時間が必要でした。コーチングの実習が先行する形でCTPのオンライン講座受講が始まりました。

CTPは基本的にカウンセリングを除外した純粋なコーチングだけの教材です。痛感したのは、「教育商品としてのコーチングと実際のセッションはずいぶん違う」ということです。カウンセリングからコーチングに入った私はこの思いを一貫して持ち続けています。

離婚問題を抱えたこの女性のほか、定年退職をされたFさんにも実習相手をお願いしました。Fさんは趣味仲間ということもあり、扱いが難しかったのを覚えています。退職後の生活を悠々と楽しんでおられるFさんに特段の目標があるわけでなく、私が一方的に話をうかがうだけのセッションになりました。全然コーチングらしくありませんでしたが、電話で3カ月続きました。これはこれで、ケース・スタディとして貴重な体験でした。

ある日Fさんから、

「自分の娘婿《むこ》が失業して悩んでいる。コーチングで面倒をみてやってくれないか」

という話がありました。

Fさんの長女の結婚相手は、アメリカ人です。この人はもとFさんの部下で、Fさん一家のアメリカ駐在がきっかけで奥さんと知り合って結婚され、いまは夫妻で日本に住んでおられます。

正直なところ仰天したのですけれど、これも経験ということでお引き受けし、英語での電話セッションが始まりました。私も米国に留学経験があるので、英語には不自由しないのですが、英語でのコーチングはある意味「究極の体験」でした。度胸と根性はついたように思います。

このほか、あと4名くらいの方々と無料で実習したと記憶しています。

有料クライアント第1号、誕生

私がコーチングを始めてちょうど100日が経過したころです。

当時、私のホームページは「コーチング」の検索ワードで14位くらいにつけていました。

私は大阪市在住ですが、宮城県の建設会社の常務であるSさんが、ホームページから体験コーチングを申し込んでこられました。それが終了したところ、

「先生、今後ともよろしくお願いします」

といわれるのです。この方が有料クライアント第1号でした。

T先生に報告したところ、

「杉本君、よかったですね。0と1は大きな差がありますが、1と2はあまり変わりません。まもなく2人目も来るでしょう」

といっていただけました。先生のいわれた通り、まもなく2人目も獲得できました。しかし、クライアント数5人をなかなか超えることができない、鳴かず飛ばずの時期が半年近く続きました。

そうしたのちに、2年目で常時十数名、3年目で常時二十数名と、まずは順調にクライアントを増やし、今日にいたっています。いまではパーソナル・コーチングのほかに、月に1度くらいの頻度で研修講師のお声もかかるようになりました。

3 他人を支え、自分も支えられるコーチング

クライアントからのメール

体験コーチング（トライアル）を別にすれば、いままで延べ70名くらいのクライアントをお相手してきました。いろいろ感謝のメールをいただいているのですが、その一部を紹介することにします。

8月よりお世話になり、誠にありがとうございました。おかげさまで、一番苦しい時期を乗り越えられました。
自分ひとりで煮詰まっていたところ、近しい人に話しても、何かすっきり解決しなかったことなど、杉本さんとお話しさせていただくなかで、まったく考えもしなかった切り口から、いろいろな気付きを得られました。（中略）
目標の立て方、自分に対する具体的な問いかけ方、具体的なアクションと期限を決めることな

など、本当に多くのことを学ばせていただきました。

学んだことを活かしつつ、これからも自分らしく生きていきたいと思います。

企業のシステムからくるサラリーマンに対する抑圧は、もともと資本主義社会が内包している問題です。昨今の不況ともあいまって、たいへんなストレスをそれぞれが抱える原因でもあります。そこから逃れて生活していくことは、なかなか難しいことです。

そのような現在を生き抜くすべとして、杉本さんのコーチングは非常に価値のあることであり、またこれからより一層、皆から必要とされる仕事だと思います。

長々と書いてしまいましたが、本当にありがとうございました。


（東京都　Kさん）


杉本コーチのよさは、惜しみなく心からのサポートをしてくださることだと思います。人間的な深さを感じるので安心して何でも相談することができました。そのときの私の状態に合わせて、必要な文章を送ってくださったり、本を紹介してくださったり、たいへん大きな気付きになりました。たった3カ月で3年分成長した気分です。

私にとってはコーチというより人生の師匠的存在です。またお世話になると思いますので、そのときはよろしくお願いします。

自分の現在の状況について、行き詰まりを感じ、何か出口を見つけたい、そう思ってすがるようにお願いしたコーチングでした。

単に「傾聴」に徹する心理学的「カウンセリング」とは異なり、人生経験の豊かな杉本コーチから的確な「導き」やアドバイスがいただけるパーソナル・コーチングのほうが心強く、自分が見えてくるまでの期間が短かったと思います。その間、いろいろと示唆となるアイデアを多数頂戴することもできてたいへん感謝しております。

（愛知県　Fさん）

私に必要だったのは単に目標達成のためのコーチングというよりは、自分探しのカウンセリングであったのですが、その点では、パーソナル・コーチングにカウンセリングの要素を取り入れておられる杉本さんと出会えたことは、本当に天啓であったといっても過言ではないと思います。ありがとうございました、そして今後ともよろしくお願いいたします。

（沖縄県　Sさん）

3カ月間のコーチング、どうもありがとうございました。きっかけだった上司との関係の悩みは体験セッションで終わり、そのあとはあっという間にライフワークコーチングにまで進んでしまいました。さすがです。

ライフワークに進んだあとも、コンサルタント的な提案までしてくださり、まさにカウンセリングからコンサルタントまで、コーチングのフルコースを体験できたと思っています。

自分の目標を見つけたあとは迷いのない人生を送れることも、実感としてわかるようになりました。いまは仕事をやめることもあり、解放感に浸っています。人の望むような人生だけを生きてきた自分と決別できた喜びのようなものを感じています。これからは以前より堂々と胸をはって生きていけるような気がします。もちろんときに落ち込むこともあるのでしょうが……。

私も杉本コーチのように、自分が味わったような解放感をクライアントに与えられるコーチになりたいです。ただしコンサルタント力をつけるには勉強が必要ですね。私は杉本コーチのようなSEというバックグラウンドがないので、私なりのコンサルタント力が発揮できる分野を見つけます。

道はまだまだ険しいですが、進むべき方向は決まっています。コーチという伴走者がいると、進む速度は非常に速くなりますね。

どうもありがとうございました。

（徳島県　Mさん）

こうして、いろいろなクライアントから恩人といってもらうことができました。これはまことに「コーチの本懐」といってもいいのではないでしょうか。

思い出に残るクライアントはほかにもたくさんいますが、なかでも印象深いのは、私の近くにお住まいのEさんでした。

Eさんは女性経営者で、離婚の危機を迎えておられました。

「主人と話すのが怖い」

といった状況で、とりあえずお子さんがいるから同居が続いている状態であったのです。

私の直感は、「これはとうてい小手先のコーチングやカウンセリングではダメだ」というものでした。

この方とは例外的に実際に2回ほどお会いしました。及ばずながら自分の全人格を駆使して支えに回ろうと思いました。苦悩し、気分が沈んだEさんから、何度もメールを頂戴するたびに、私も全力でメール・サポートを返した次第です。私の能力などたかが知れたものです。古今の偉人の力を借りたほうがいいだろうと思い、Eさんには何冊か本もおすすめしました。これが救いになったようで、繰り返し何度も読んだといっておられました。

残念ながら、経済的な理由もあってコーチングは継続されませんでしたが、それから何カ月もして、こんなメールをいただいたのです。

（前略）
私も、はじめて杉本さんにお電話をしてから1年後にこんなになるなど、想像もしていませんでした。夫との関係も信じられないくらい改善しました。つき合いはじめのラブラブだったころよりずっと深い愛情を感じることができるようになり、もう大丈夫だと思えます。いろいろと悩みぬいたからこそ、この境地に達することができたのだと本当に感謝しています。そして何よりコーチングの成果が大きいのではないかとも思っています。
（後略）

私はほんの短い間彼女を支えただけですが、当時の彼女を知る私としては、感慨ひとしおでした。この人は現在、会社経営のかたわら、コーチ業もしておられます。私との出会いがコーチ業を始めるきっかけになったそうです。

こうしてクライアントの方々を支えることによって、私もまた支えていただいているということを日ごろから痛感しています。「人」という文字はそれぞれの画が互いに支え合っている、それが人というものだという話を聞いたことがありますが、誠に言い得て妙だと思います。

出会いを通じて学べる仕事

ネット・コーチングをやっていると、自宅にいながらにして、いろいろな出会いが体験できます。

すでに体験コーチング（トライアル）で400名近い方を相手にしてきましたが、だいたい世のなかの人が何を考えているのか、どんな塩梅《あんばい》なのか、よくわかりました。コーチングを依頼してくる人には、自分は何をしたらよいのかわからないという、いわゆる「自分探し」の人が極めて多いのが実情です。しかしその一方で、着々と自己実現されてきた人も少なくないながらいます。共通しているのは、

「どの人も悩みを抱えている」

ということです。悩みがなければわざわざ連絡をとってこないでしょう。ですから私は、多くの「臨床」を経てきた結果、

「コーチングとは悩みと向き合う手法である」

と痛感しています。お金を払ってまでコーチングを受けようというのですから、たいてい悩みは切実です。そして、悩みが切実であるほど、クライアント本人も真剣に悩みと向き合おうとするのです。外から見ると、悩みがないように見える人でも、実は「停滞」という悩みを抱えていることも少なくありません。

コーチングを通してできる社会勉強も半端ではありません。

美容院を経営している社長さんを、半年ほどコーチングしたことがあります。この方は2店舗経営されていて、3店舗目を出店するところでした。この方の事業に対する想い、美容院のスタッフはどう採用・教育するのか、新店舗の物件をどう探し、どう企画し、どう出店するのか、新店舗をどう命名すべきか……。こうしたこと、ひとつひとつの相談に乗らせていただきました。その結果、美容院の業界については耳学問ですが、かなり精通できたように思います。

新聞販売店の若奥さんをコーチングしたこともあります。それはもう慢性的に忙しい仕事でした。配達スタッフの出入りは激しく、お客からは遅配・誤配をぼろくそにいわれて謝りに行き、しかも部数を伸ばすべく勧誘に精を出し、ややうつ気味の旦那さんを支え、そのなかで束の間、マッサージに行ってくつろいだり、友人の結婚式に出たりといった実に慌しい生活でした。セッションの時間通り帰宅できないこともしばしばでしたが、とても文句をいう気にはなりませんでした。

花屋のおかみさんをコーチングしたこともあります。

「町の花屋は大して売上げが上がっているように見えないのに、どうやって収益を上げているのかな」と思われたことはありませんか。この方によると、花屋の売り上げの大半は葬儀用の花の納品で上がっているということです。使う量が半端ではないそうです。そのほか、花は生もので、値段が刻々と変わっていくなど、興味深い話をたくさんうかがいました。

女性の弁護士さんをコーチングしたことがあります。弁護士は社会的に信用が高く、さぞかしオイシイ仕事なのだろうというのは下衆《げす》の勘ぐりでした。法人弁護士事務所にお勤めの方でしたが、毎日が午前様ということで、勤務状況は極めて厳しいというのが実情なのです。そのなかで表通りの仕事を担当させてもらえるのか、裏通りの仕事に甘んじるのか、もともとエリートなだけにいろいろな想いが去来するようです。

そうかと思うと、牛専門の獣医さんのコーチングを引き受けたこともあります。私の獣医に対する知識は、『遥かなる山の呼び声』（１９８０年　主演・高倉健）という映画で、畑正憲がチョイ役で牛の獣医役を演じていたな、というくらいのものでした。この方とセッションすることによって、牛の獣医とはどういうものか、農家との関わりは、農家はどんな状況なのかよくわかりました。

もうこれくらいにしておきましょう。こういった社会勉強が、自宅にいながらにしてできるのです。コーチングは最高にエキサイティングな仕事であるというのがよくおわかりいただけると思います。

4 コーチングをライフワークにしよう

ライフワークとは

ライフワークとは、終身で関わっていられる活動をいいます。オーナー経営者は終身ですから問題なし。年をとっても現役でいることが可能です。自営業もこれに準じます。たとえば自営の和菓子屋のオヤジさんにも定年はありません。和菓子づくりがライフワークなら、体力の続く限り、現役でいることができるでしょう。

しかしサラリーマンは、いずれ定年や、それに準じた形で終わりが来ます。つまり長年のキャリアは定年を迎えて中断されます。ですから、早めにライフワークの準備をすることが必要です。ライフワークを真剣に考えないと人生最後の20年、ほんとうに辛いことになってしまいますし、長生きできないでしょう。

人生も40代に入ってくると、だれでも真剣にライフワークを考える必要があります。

私がライフワークに求める条件とは、

①ひとりでもできる
②年をとってもできる
③人のためになる（人と関わることができる）

この条件のなかでは何といっても③が重要です。①、②だけなら単なる「手なぐさみ」だからです。

とはいえ、①～③すべてを満たすものはなかなか少ないものです。しかし、コーチングは3つとも見事にクリアしています。ですから、私はコーチングを自分のライフワークに選んだわけです。

豊富な人生経験はコーチングにプラスにこそなれ、決してマイナスにはなりません。コーチが精神的な若さを保っている限り、年をとってもコーチングを続けることが可能なはずだと確信しています。

副業で始められ、リスクゼロ

コーチングを受ける人は、男女とも大半が昼間仕事をしているビジネス・パーソンです。ということは、昼間はコーチングしようにも、相手がいないことになります。とくに昼間の仕事をやめる必要はないわけです。コーチングは副業（週末起業）で開業するのが、最もふさわしいのです。

コーチングは電話サポートです。電話を占有する時間が長いので、電話回線は1回線増設するのが望ましいと思います。私はISDNに加入して2回線にしましたが、開業にあたっての設備投資はこれがすべてです。

インターネットは今日、どなたも加入しておられることでしょう。私のホームページは、加入しているプロバイダーの無料スペースを使っています。業務用には独自ドメインが望ましいとされますが、無料スペースで問題を感じたことはまったくありません。

私のホームページをご覧になった方が、

「お宅様は何名のスタッフがいらっしゃるのですか」

と尋ねられたことがあります。これには驚きと苦笑を禁じ得ませんでした。わがコーチング実践会の実態は、私が寝起きしている6畳に、電話とパソコンがあるだけだからです。

モノへの投資は必要ない。電話とパソコンで始められる。

自信を持ってこう申し上げておきます。

ネット・コーチングの収入は

ところで、ネット・コーチングで、どの程度の収入が上げられるものでしょうか。

個人相手のコーチング料金は世間相場で、毎週1回40～50分でひと月2万～3万といったところです。月4回が標準ですから、1回5000～7500円程度ということになります。もちろんこれは相場で、もっと高い料金をとる人もいます。

コーチングは通常3カ月分前払いです。ということは1名クライアントが成約できると、6万～9万円入ってくることになります。仮にひとり6万で月3名成約したとすれば、18万円です。この程度でも、たとえばタクシーの運転手さんの手取り（15万円程度）を軽く追い抜いてしまいます。

インターネット社会というのは、だれでもできる肉体労働は限界まで対価が下がる反面、その人にしかできない知的労働には高い対価が支払われるのです。もちろん、コーチングは後者です。

もしあなたが仮に7名のクライアントを持っていて、週1回のペースで全員とコーチング・セッションを持ったとします。すると、あなたがこなさなければならないクライアントは1日平均1名で、夜か早朝になんとか1時間捻出できればよいのです。この程度であれば、よほど忙しい人でもない限り、何とかなるでしょう。もし週末土日に固めてやるということであれば、平日のセッションはしなくてよいわけです。私はとくに日曜日に固めて6～7人こなしています。クライアントも日曜日のほうが何かと都合がよいわけです。つまり、時間の心配は無用なのです。

コーチングの開業に当たっては、確かに無形のコーチング力と営業力は必要です。しかし、会社をやめる必要はないわけですから、**副業で始められ、リスクゼロ、しかも高収入**であることは間違いありません。

では、コーチング力と営業力はどうすればいいのか、章を追って書き進めていくことにしましょう。

2章

コーチングはこのように学ぼう

～資格は必ずしも必要ではない

1 自分にコーチをつけよう

コーチされる経験は不可欠

あなたがコーチ業を志すなら、まずコーチをつけるのがよいと思います。教育商品を買う・買わないは、それから判断するほうがよいでしょう。というのは、教育商品を買ったところで、コーチをつけるというプロセスを省略できるわけではないからです。問題なのは、あり金はたいて教育商品を買ったあとに、コーチをつける予算が残っていないことです。

ですから、まずコーチをつける。万一コーチングに共感できず、コーチングを断念したとしても、損失は最小ですみます。また**プロのコーチからコーチングを受けてみたら、これくらい独学でできると思うかもしれません**。過去の私を含めて世間の人は、教育商品を購入するところからコーチングを始めようとするのですが、これは順序が逆のほうがよいと思います。コーチングは受ける側を経験してはじめて、「どうコーチングしたらいいのか」が理解できます。

インターネットでコーチを探す

「コーチング」という言葉で検索すれば、無数のウェブ・サイトがあります。ピンときたサイトのコーチに連絡をとり、無料体験をお願いしましょう。先方もクライアントを獲得したがっていますので、喜んで応じてくれるはずです。そのなかで一番しっくりくるコーチを選んで契約してください。

専業コーチは能力が安定していますが、兼業コーチと比べると概して料金は高めです。また月3回とか、間隔が長めの人が多いようです。兼業でリーズナブルな料金でも、すぐれた人はいます。料金が高ければ、コーチングの内容もいいのか、自分と合うのかというと、もちろんそんなことはありません。**専業・兼業を問わず、コーチというのは玉石混淆で、石の比率はかなり高い**と思えば間違いありません。

むしろ初回は、あなたがめざす身近なモデルとして、兼業の優秀な人を探したほうが正解だと思います。要はあなたがコーチとしてひとり立ちできるように、親身なサポートをしてくれる人を探すわけです。別に完璧なコーチである必要はありません。

私が最初にコーチをお願いしたのは、前述したY氏でした。決して悪いコーチではありませんでしたが、受けていれば自分なりの改善意欲がわくものです。

「そういういい方はいまひとつだな。自分ならこうコーチングするな」という点がいくらでも出てきます。あまり自分と相性が合わない人は困りますが、むしろ欠点もあるコーチのほうが、自分に自信が持てるというものです。そのコーチをベンチマークにして、よいところ・悪いところを押さえていくのがよいと思います。

あなたがそのコーチにほれ込んでいるなら、3カ月経過しても継続すればいいのですが、コーチングの修行ということであれば、また別のコーチを探すのもよいと思います。

2 市販の教育商品にはこんなものがある

コーチ21の「認定コーチ」資格

コーチ業を始めるに当たって、普通はまず「資格取得」を考えると思います。

しかしコーチの国家試験は存在せず、民間資格のみです。資格は特定の教育商品を受講すると、取得できます。

コーチ資格で最もポピュラーなのが、㈶生涯学習開発財団認定コーチです（以下省略して「認定コーチ」と表記）。認定コーチの上には、プロフェッショナル・コーチやマスター・コーチといった上級資格もありますが、当面は認定コーチで十分だと思います。一応の訓練をこなしてきた証拠でもあります。

認定コーチ資格を取得するためには、コーチ21のコーチ・トレーニング・プログラム（CTP）に参加する必要があります。費用は57万7500円（本体価格55万円、05年末現在）です。CTPは電話会議方式で、自宅でできます。電話会議の限界はありますが、コーチングはもともと電話で行なうものですから、理にはかなっています。合計36課程ありますが、月2課程しかとることができません。最短で1年7カ月で修了できます。

認定コーチの受験資格としては、CTP8課程と別途で5名を3カ月コーチングした実績が必要です。認定コーチ試験は年2回あり、レポート方式です。通常1年以内でとれます。レポート提出でとれる資格ということもあって、05年末で取得者も1400名を超えたそうです。認定コーチ資格は更新も必要で、もちろんそのつどお金がかかります。

CTIジャパンの認定資格

CTIジャパンという団体が発行する資格もあります。取得するためには、CTIジャパンの全コースを修了しなければなりません。CTIジャパンのプログラムは集合セミナーです。CTIは高く評価する人が多いですが、開催場所・日時・参加人数が限定されており、地方在住では相当受講しにくいという難点があります。

基礎コース　8万円
応用コース　10万5000円
資格コース　コース受講費48万円、試験受験費4万円

（以上すべて税込み、05年末現在）

この3つのコースを順次修了しないと、CTIの実施する口頭・筆記試験の受験資格が得られません。合格するとCTIの発行する認定資格CPCC（Certified Professional Co-Active Coach）が取得できます。

いまのところ、資格らしい資格は以上の2つです。ほかにもいろいろな団体がそれぞれ資格を発行していますが、そういったマイナーな資格は、目標にするほどのことはないと考えます。

3 本当に資格は必要か

開業に資格は不要

資格取得には結構なお金がかかります。それに見合う効果があるのでしょうか。いいかえると、資格を持っているとクライアントをとりやすいのでしょうか。

たとえば、認定コーチ資格を保有する人はすでに05年末現在、1400名を超えます。認定コーチ資格はレポートを提出すれば取得できる資格です。**認定コーチ資格で差別化はできない**といえます。差別化をねらうなら、プロフェッショナルやマスターといった上級資格や、国際的な資格である国際コーチ連盟（ICF）認定資格が必要です。

認定コーチ資格を保有する1400名余りのなかで、実際に数多くクライアントを持って活躍している人は、ほんの一握りではないかと思います。キツイいい方をすれば、大半は「鳴かず飛ばず」が実情でしょう。

コーチングを受けるほうからすれば、コーチがどんな資格を持っているかとか、どこで訓練

を受けたかはあまり関係ないのです。要はコーチがクライアントを問題解決や自己実現に導けるかどうかです。資格があっても、下手なコーチや波長の合わないコーチはいくらでもいます。私個人の経験としても、コーチングした相手から持っている資格を尋ねられたことはありません。

コーチ業には医者や弁護士のような**公的な資格が必要なく、資格がものをいう世界ではない**という点をまず押さえておいてください。

資格は学習意欲を刺激するためのもの

認定コーチ資格は、クライアントにアピールするためのものではなく、コーチを志す人の学習意欲を刺激するためのものと考えるのが適当です。「資格をとるために規定どおり実習する」とか、「お金を払ったからもとをとる」といった、学習の枠組みと動機を設定するのが資格の意義です。取得した資格は名刺に刷り込めるので、人前で肩身が狭くないということもあります。

しかしそういう意味では、しかるべき肩書きがあれば、とくに資格がなくてもよいわけです。たとえば税理士や経営コンサルタントの場合、コーチングがもともと仕事の一部ですから、仕事の延長でクライアントの間口を広げていけばいいわけです。コーチの資格がなくても何ら問題ないでしょう。

国際コーチ連盟（ＩＣＦ）認定資格ならツブシは効きます。しかし、認定コーチ資格だけでは、コーチとしての成功はまったく約束されません。実力と実績があれば、認定コーチ資格の有無が問題にされることはまずないと考えます。

結論としては、

・教育商品を買って資格をとれば、正規の教育訓練を受けたという納得感が得られる。

・教育商品を買わなくてもコーチング能力は十分身につくが、納得感は及ばない。

結局、この「納得」をあなたがどう評価するかです。もちろん、納得するに越したことはないのですが、60万～70万の出費に値するかどうかが難しいところです。後述しますが、教育商品のコーチングは、実践のコーチングとはかなり異なります。まずは独学で基礎を学び、実戦でコーチングを身に付けるという選択肢もあることを知っておいていただきたいと思います。

4 相手を探して実習しよう

無料コーチングで経験を積む

コーチングの訓練は、本を読んだり、教育商品を受講したりするだけで身に付くものではありません。自動車教習と同じで、実技をこなさなくては話になりません。有料クライアントをとるというのは、たとえていえば、高速道路に乗るようなものでしょうか。自動車の運転では、一般道の路上教習を経て免許を取得し、しばらくひとりで一般道を走ってから、高速道路に乗るわけです。いきなり高速道路に乗ることは危険です。

これと同じで、実習なしで、素人がいきなりお金を払ってもらう値打ちのあるコーチングをこなすのはまず不可能です。たまに教育商品を受講するだけで、コーチをつけるでもなく、実習相手を見つけるでもない人が散見されます。座学だけで自動車が運転できるようにならないのと同様、これではとうてい一般社会人を相手にコーチングできるようにはなりません。

有料でクライアントをとれるようになるまでには、コーチングを受けながら、コーチングを実習する必要があります。はじめはだれか知人に練習台になってもらいましょう。実習相手には、親しい人は避けたほうが無難です。どうしても甘えが出てしまいます。とくに家族などというのは論外です。

実習相手といっても、普通の人はコーチングが何たるかを理解していないでしょうし、とくにコーチングを受ける必要を感じていないことが多いはずです。したがって、実習してもコーチングらしいセッションにならないと思います。しかし、それはそれでよいのです。失敗のセッションこそ、実習で数をこなしておくべきなのです。いかにサマにならないセッションでも、興味深いケース・スタディであり、必ず学ぶべき点はあります。

コーチングが成立しないのはなぜなのか、コーチングらしいコーチングに変えるにはどうしたらよいのか、工夫してみてください。ついてもらっているコーチにあなたが実習で困った場面を伝えて、相談に乗ってもらうのもよい方法です。

ネット・コーチングはコーチングに予備知識のない一般社会人が相手です。一般社会人相手のコーチングは扱うテーマが千差万別であるといって過言ではありません。たとえていえば、ど真中に直球が来ることはまずなく、変化球、バウンド、ゴロ、そして暴投までいろいろです。これが世間一般の方を相手にするということなのです。一般社会人を相手にするには、十分なコーチングの「秩序形成能力」はぜひとも必要なのです。

実習段階ではもちろんお金はとれません。しかし、こうやって努力しながら場数を踏んでいくと、そのうち自信もついてきます。

「自分はどんな相手でもコーチングに持ち込める。どんな相手でも気付きを与え、充実感を味わってもらうことができる」

という状態になればプロ・デビューはそろそろです。

5 勉強会は積極的に参加しよう

日本コーチ協会と各支部

日本コーチ協会は全国に支部（チャプター）があり、各支部が頻繁に勉強会を開催しています。会費も通常３０００円までとリーズナブルですので、積極的に出席されることをおすすめします。各支部の行事は、日本コーチ協会の発行するニュースレター（メール）で通知されます。ニュースレターは無料ですので、ぜひ申し込みましょう。

日本コーチ協会　　http://www.coach.or.jp/

各チャプターも独自のメーリング・リストを持っており、入会すればいろいろな情報が入手できます。この場合、日本コーチ協会に入会するというのと、各支部に入会するというのは、別物ですから注意してください。両方に入会すれば、両方に会費を払うことになります。

このほか、日本コーチ協会では毎年秋に年次大会を開催しています。東京開催ですが、出席するとコーチング業界の雰囲気はつかめるでしょう。

活躍中のプロ・コーチに会おう

コーチ業を志すのであれば、プロのコーチとして活動している人の謦咳《けいがい》に接するのがポイントです。セミナーを聴きに行ってもいいし、コーチングの勉強会で一緒になってもいいでしょう。そうしてプロのコーチのプレゼンス（存在感）を学ぶのです。プレゼンスとは、人格とコミュニケーション力がかもしだす雰囲気のことで、その人の人間力の反映です。コーチングは人間力でこなすものです。

コーチングの勉強を始めたとき、私はわざわざ会費を払って、プロのコーチが多数在籍するコーチング研究会に入会しました。その研究会の謳《うた》い文句は、「会員になれば、プロのコーチが無料で相談に応じます」というものでした。

そこでプロとして活動されている方全員にメールでコンタクトをとり、会ってもらうか、電話セッションという形で、話をさせてもらうことにしました。

その感想は、「とくに神様みたいな人はいないな、普通の人ばかりだな」というものでした。「シッカリ者だな」と思った人もいましたが、疑問符を付けざるを得ない人もいました。結局「プロのコーチというのはこの程度のものなんだな。この程度なら自分にもできる」と思えるようになったのです。

「この程度なら、自分にだってできる」。この「相手を呑む」感覚は何よりも大切なのです。そうした想いが、自分を支え続ける力となり、どんな相手に対しても一切物怖じしない気迫となってあらわれるのです。

コーチ業を志すなら、プロのコーチに会いに行きましょう。そしてプロのコーチのプレゼンス（存在感）を学び、自分のものとしましょう。これはとくに強調しておきたいポイントです。

3章

ネット・コーチング開業までの流れ

～インターネットでコーチングというサービスを売ろう

1 インターネット・マーケティングとは

悩みのある人は、まず検索する

10年前は、インターネット上のネット・ショップといっても、ほとんど利用客はいませんでした。しかし、現在は隆盛を極めています。あなたも「楽天」や「アマゾン」などの企業名をよくご存知だと思います。10年前、これらはごく一部の人しか知らないベンチャー企業でした。ところが現在はプロ野球チームを所有するほどの有名企業へと躍進しています。

ブロードバンドの爆発的普及にともない、インターネット上にあらゆるビジネスの顧客がどんどん押し寄せているといっても過言ではありません。時代は変わりました。世はインターネット・マーケティングの時代なのです。いまは何をするにもまずインターネットを検索します。そして、**いまは人生に悩んだときにも、まずインターネットを検索する時代**なのです。

私自身がそうでした。1章で述べたように、悩んでいた私はインターネットでT先生を探し当て、それがコーチングを始めるきっかけとなったわけです。

あなたもホームページを見ていて、その志や考え方に共鳴した結果、「このホームページの持ち主なら信頼できそうだ。連絡をとってみたい」と思ったことがきっとあるはずです。ですから、コーチングというサービスも、インターネットで売れるはずです。いや、コーチングこそ、インターネットで販売するのが最もふさわしいサービスなのです。コーチの人となりはホームページを見てもらえば、一番わかりやすいからです。

ホームページは最強の営業ツール

ホームページは24時間、休みなく日本全国を飛び回ってくれる営業ツールです。あなたが眠っていても、食事をしていても、風呂に入っていても、ホームページには日本全国から刻々と人が訪問します。いや、日本全国のみならず、海外在住の日本人の方も見てくださるのです。私はいままで、米国・カナダ・ヨーロッパからも連絡を頂戴し、実際にコーチングを行なって、クライアントになっていただいています。

コーチングにインターネット・マーケティングを組み合わせること、これを本書ではネット・コーチングと呼んでいます。

ネット上であなたのコーチング哲学をアピールし、日本全国を対象にコーチングというサービスを提供すればよいわけです。

2 広まりつつあるパーソナル・コーチング

事前にホームページでコーチを理解できる

このようにインターネットが普及したいまでも、カウンセリングを受けるためには、カウンセラーのもとに時間と交通費をかけて通います。カウンセリングとは、対面で行なうのが社会常識なのです。もちろん面談には面談のよさがあります。

しかし、パーソナル・コーチングは普通、電話で行ないます。日ごろ電話でコーチングをしている立場からいえば、インターネットの恩恵で、面談の意義がずいぶん薄れたと思っています。

ホームページやブログを前もって読んでおけば、相談者（コーチ）の顔つきはもちろん、人となりや考え方について、話す前からずいぶん知識があるわけです。電話にインターネットを併用すれば、同じように電話で話しても、情緒面で格段に豊かなのです。電話だけの時代ではこういうわけにはいきませんでした。

電話しかなかったころは、電話は事務的に用件を話す手段でした。電話で相談を受けても、「情緒がなく味気ない。やっぱり面談でなければ」と思ったことでしょう。しかしインターネットが普及してからは、情緒の問題がずいぶん克服できました。

ですから、コーチングを申し込むほうは、いきなり電話でもほとんど抵抗感がないのです。インターネットの普及がパーソナル・コーチングの普及につながった、というのは疑いのないところです。

電話を使うメリット

電話とインターネットを併用すれば、確実に時間と距離が克服できます。さらに通話にヘッドセットを使えば、耳が痛いとか、手がだるいといったこともありません。ごく自然に通話ができます。

クライアントが忙しくて早朝や夜遅くしか時間がとれなくても、電話なら問題ありません。スカイプ（音声チャットのこと。後述します）やＩＰ電話なら電話代も不要です。また日本全国どこに住んでいようとも、電話なら距離は関係ありませんし、出向いたりする移動時間や交通費とも無縁です。

そのうえ、相談相手に自分の顔を見せないで話すというのは意外なメリットもあります。経験のない方は、面談できないことを頼りなく思うものです。しかし、実際やってみるとまったく不都合はないどころか、相談相手を気にすることなく自分に正直に向き合えるため、むしろ具合がよいのです。

メールでアポをとって他人と面談するのは、なかなか手間がかかります。遠距離であればなおさらです。そのうえ、相手が時間に遅れることもあります。面談にはつねにこういった大変さが付きまといます。

また通常、問題の解決には時間がかかります。信頼できる相談相手が見つかったら、繰り返し継続してサポートを受けたいと思うものです。面談で繰り返し会うことはたいへんですが、電話ならこの点で極めて便利です。

コーチのほうも、「事務所を構える必要がない」「深夜・早朝に仕事ができる」といった、はかりしれないメリットがあります。

昭和初期に書かれたとある本に、田舎からはるばる青年が弟子入りしたい、とやってくるくだりがありました。著者が訪ねてきた青年をいろいろ諭して、田舎に返すわけです。

この時代では純粋に面談している時間より、それ以外の移動・アポ・準備に双方ともおびただしい時間がかかったと思います。電話もなかった時代ですから、面談の約束ひとつとっても封書か葉書で、それも手書きで、だったことでしょう。切手も貼らなくてはならないし、投函にも外出しなければなりません。

いまならインターネット、メール、電話、スカイプなどであっという間にこなせてしまいます。いい時代になったものです。このメリットを個人のサポートに活用しない手はありません。電話で行なうコーチングは現代人にマッチしたやり方なのです。

「スカイプ」を使うと電話代が無料に

コーチングをするうえでさらに特筆すべきことは、スカイプという音声チャットが普及してきたことです。スカイプはひと言でいうとＩＰ電話のパソコン版です。海外だろうが国内だろうがまったく通話料がかかりません。05年末現在、相当普及してきましたが、まだまだご存知ない方も多いようです。

使い方は、ライブドアのサイト（http://skype.livedoor.com/）からダウンロードして、パソコンにインストールするだけです。これは無料です。あとは家電量販店に行ってヘッドセット（ヘッドフォン＋マイク）を買ってくるだけでＯＫ。これは１０００円ちょっとです。片耳式と両耳式がありますが、軽快感のある片耳式をおすすめします。

私のクライアントの大半はすでにスカイプを導入ずみで、電話代を気にすることなくコーチングを受けてもらっています。

スカイプの長所は、

・通話が無料である

・ヘッドセットが使用できる

という点です。IP電話でも、違う会社どうしであれば通話料は発生します。スカイプにそういう制約はありません。

また、ヘッドセットを使えるので、電話と違って受話器を持っている必要がありません。受話器だと手はだるいし、耳は痛くなるし、40～50分話すのは辛いものがあります。

さらに、つぎのような利点があります。

・音質がいい

電話よりはるかに音質がよく、相手がぐっと近くに感じられます。

・通話相手のパソコンが立ち上がっているかどうかが表示される

帰宅してパソコンの電源を入れると、相手にその旨通知されます。お互い相手が在宅しているかどうかわかりますので、コーチング用にはまことに都合がいいのです。

・5名以内なら電話会議ができる

3名で円卓会議をしたことがありますが、何の問題もなく双方向で話せます。

とはいうものの、スカイプにも欠点はあります。

・たまに音声が切れる

これは聞き直したり、しゃべり直したりすることで対応するしかありません。とはいえ、十分実用に耐えるレベルです。

欠点はあってもトータルでは画期的なツールです。今後コーチングの普及にも大いに貢献するものと思われます。

3 契約期間と料金の決め方

1クール＝3カ月が基準

パーソナル・コーチングは1クール3カ月くらいで契約するのが、業界の慣習です。私もこの慣習に従っています。しかし、単発の相談の感覚からすればいかにも冗長な気がします。単発の相談とパーソナル・コーチングはどう違うのでしょうか。ひと言でいえば、

・単発の相談はワカル（解る）こと
・コーチングはカワル（変わる）こと

といえます。単発の相談は、どうしたらいいかという処方箋をもらうことが第1の目的です。しかし、単発の相談ではワカル（解る）ことができてもカワル（変わる）ことは難しいのです。「解ってはいるのだけど続かない」のが人間というものです。ワカル（解る）がカワル（変

わる）になるためには、定着させる時間が必要です。ですからコーチングはフォローにより高い位置付けを与えます。

短期で変わることのできる人もいますが、なかなか変われない人が大半です。やや冗長と思われるくらいにセッションを重ねて、執拗に繰り返してこそはじめてカワル（変わる）のではないでしょうか。一見無駄なように感じますが、この無駄がワカル（解る）をカワル（変わる）に変えているのです。

1クール＝3カ月が過ぎた時点で「始めたころと（自分は）ずいぶん変わったな」とクライアントが感じればコーチングは成功だといえます。

料金の相場は

さて、パーソナル・コーチングの料金は、ひと月2～3万が相場といわれています。週1回、毎週セッションを持てば、ひと月4～5回となります。専業コーチの中には月3回で3万円という人もいます。1回5000円～1万円と考えていただければよいと思います。

時間も人によって30分～50分と、短めの人と長めの人がいます。1時間を超えることはまずないと思います。というのは、通常、セッションのスケジュールを21：00～22：00、22：00～23：00と1時間刻みにとるからです。仮に45分行なったとすれば、15分は休憩時間になります。

パーソナル・コーチング以外にエグゼクティブ・コーチングというものがあります。これは企業の経営者や役員向けのコーチングで、主に仕事に関するテーマを扱います。これはひと月5万円くらいに設定されていることが多いようです。

私自身は05年末現在、このように価格設定しています。

・一般向けのパーソナル・コーチング　12回6万円（@5000）
・経営者向けのエグゼクティブ・コーチング　8回6万円（@7500）

一般向けのパーソナル・コーチングは独身女性でも何とか払える価格設定にこだわりたいので、1回5000円としています。これで12回（だいたい3カ月）分が6万円、妥当なところではないでしょうか。1回5000円を切るのなら受けたくありません。

これに対して、ビジネス・オーナーには1回7500円としています。経営者なら経費扱いできるという理由から、少し高めに設定しています。ただこれで12回だと9万円になります。受ける側からすれば、やや抵抗を感じる金額です。そこで、8回6万としています。経験的に経営者は自己フォローー能力が高く、1クール8回でも問題ないと考えています。予備知識のない方は「高い」と思うかもしれませんが、私の価格はかなり低廉なほうだと思います。

4 体験コーチングに応募してくる7つのタイプ

体験コーチングの応募者は7タイプに分けられる

ネット・コーチングの市場を俯瞰するという目的で、これまでに連絡をとってこられた方を分類してみました。

①心に病のある人（稀）
②何ごとにもやる気が出ない人（稀）
③人生で何をやりたいのかわからない人……約40％
④差し迫った問題を抱えていてスポットで相談したい人……約30％
⑤差し迫った問題を抱えていて継続したサポートを受けたい人……約10％
⑥進みたい方向がわかっていて、自己実現したい人……約10％
⑦コーチになりたい人……約10％

それぞれの特徴について解説してみましょう。

①心に病のある人（稀）

精神を病んでいる人の相手も、少ないながら経験しています。専門医でもなければ、とても手を出せないと思います。例外なくその旨を伝えてコーチングは辞退しています。

②何ごとにもやる気が出ない人（稀）

このタイプの人はメールの文面が極めてぞんざいなのが特徴です。まず相手にしようという気が起こらないと思います。本人にやる気がなくて投げやりなら、他人はどうしようもないのです。関わらないに限ります。

③人生で何をやりたいのかわからない人（40％）

このタイプは極めて多く、半数近くを占めます。「自分探し」は難しいものです。いろいろ悩んでいることはわかりますが、他人が答えを渡すことはとうてい無理です。このような人は、文面から判断して、ご自分でもっと考えを煮詰めてからご連絡いただくようにお願いしています。再び連絡をとってきた人はほとんどいません。

④差し迫った問題を抱えていてスポットで相談したい人（30％）

このタイプはひと言でいうと初回無料だから申し込んでこられる方です。若い人が多いです。クライアントにはなりませんが、私はこのタイプの人は例外なくボランティアでお相手するようにしています。何らかのヒントを渡すことで、相手も助かるし、自分も助言の経験を積むことができるからです。

⑤差し迫った問題を抱えていて継続したサポートを受けたい人（10%）

このタイプは中年の方に多く見られます。ネット・コーチングとして一番腕の振るいがいのある相手です。

⑥進みたい方向がわかっていて、自己実現したい人（10%）

⑥は一番コーチングに向くタイプですが、コーチングを受けるまでもなく、ただ背中を押してほしいだけ、という人も散見されます。

⑦コーチになりたい人（10%）

このタイプは「自己実現のテーマがコーチング」という人です。普通メンター（指導者）を探していることが多く、メンターとしてお付き合いすることが少なくありません。

つまり、クライアントになっていただける方は、⑤～⑦に限られてきます。とはいえ、ネット・コーチングをやっていると本当にいろいろな出会いがあり、世の中がよくわかります。ネット・コーチングは3日やったらやめられない、実に興味の尽きない仕事なのです。

5 募集からコーチングまでの流れ

1 ホームページを訪れてもらう

コーチングを受けたいと思っている人は、おそらく「コーチング」という言葉で検索をかけることでしょう。大阪府在住の人であれば、「コーチング　大阪」あるいは「コーチング　関西」で検索をかけるかもしれません。こうしてサイトに訪れてもらうわけです。もちろん検索エンジンで上位表示されるほうが有利です。

コーチングという言葉を知らなければ、「カウンセリング」「悩み」「相談」といった言葉で検索すると思われます。そうして訪れたサイトからコーチングのサイトに来てもらってもいいのです。

コーチングのサイトをわざわざ訪れる人は、何か悩みを持っているといって間違いありません。悩んでいないとしたら、それはコーチングに興味のある人です。ですから悩んでいる人、コーチングに興味のある人に合わせた内容でサイトを構成します。サイトを訪れた人は、サイトを通読し、サイトの説くところに共感して、連絡をとってきます。

2　資料請求

しかしコーチングという言葉を生まれてはじめて知ったような人は、いきなり「コーチングを受けてみようか」という気にはならないかもしれません。こういう人には資料請求してもらい、無料レポートを送るようにしておきます。

まず、入力画面でつぎの項目を入力してもらいます。

・名前
・メールアドレス
・性別
・年齢
・住所

資料請求といっても、郵便で送ると手間や送料負担がたいへんですから、返信メールからリンクをはって、PDFファイルの無料レポートがダウンロードできるようにします。無料レポートにはコーチングの料金も記載してあります。また私は無料レポートのほか、コーチングを紹介する動画を見ることができるように工夫しています。無料レポートのつくり方についてはのちほど詳述します。

3　体験コーチングに申し込んでもらう

こうしてコーチング申し込みの入力画面に進んでもらいます。
入力画面にはつぎの項目が入力できるようにします。

・名前
・メールアドレス
・電話番号
・性別
・年齢
・住所
・解決したいと思われること（現状がわかるように記入してもらう）

これらをもれなく入力のうえ、送信してもらいます。

4　申し込みのメールを受け取る

送信されると、自分のメールアドレスにつぎのようなメール（例1）が届きます。

1 yourname：□□□□
2 address：mmmm@xxxx.co.jp
3 tel：03-3456-XXXX
4 sex：女
5 age：40
6 residence：□□県□□市□□区□□X-X-X
7 comment：コーチングの講座を受講しようと思っています。コーチングのスキルは、現在の仕事（学習塾経営）に生かせることは間違いないと思いますが、プロのコーチとしての道も模索しています。プロコーチとしてやっていけるのか、自分の可能性についてとても曖昧で、将来像が見えにくいためか、受講申し込みに二の足を踏んでいます。プロのコーチの方からみて、正直、私のようなものでもプロになれるのか、アドバイスをいただきたいのです。よろしくお願いします。

例1

5 日時を決める

このようなメールを受け取ったら、例2のような文面で、体験コーチングの時間を伝えます。

資料請求せずにいきなり体験コーチングを申し込んできた人には、資料請求のときに頒布している資料もついでに添付します。

こうして体験コーチング開始前に料金がわかるようにします。先方が何の件かわかりやすいように、申し込みの文面はメール上に残しておきます。

例2のメールを出すと、先方からメールで時間を指定してきますので、再度時間を確認するメールを送ります（例3）。

□□□□様
コーチング実践会の杉本です。
コーチングのご依頼ありがとうございます。

19日（月）21：00～22：00
20日（火）6：00～7：00、7：00～8：00、21：00～22：00
21日（水）6：00～7：00、7：00～8：00、21：00～22：00
22日（木）6：00～7：00、7：00～8：00

といったところが空いております。
メールで時間をご指定願います。

コーチング・ガイドは下記からご覧いただけます。

http://www.cwo.zaq.ne.jp/coach/free_guide/

（この位置に先方の申し込みの文面をつけておくと後で何の件かわかりやすい）

例2

□□□□様
了解しました。では19日（月）21：00になりましたら
下記までお電話ください。お待ちしています。

コーチング実践会
代表　杉本　良明
大阪市西淀川区佃5-12-5-905
TEL：06-6477-3240
スカイプ名：bfath602
bfath602@cwo.zaq.ne.jp
http://www.cwo.zaq.ne.jp/coach/

（この位置に申し込みの文面をつけておくと、あとで何の件かわかりやすい）

例3

6　体験コーチングを行ない、正式契約をすすめる

約束の時間になったら先方から電話をかけてもらいます。最近はスカイプを選択する人もいます。コーチングが佳境に入ったら、契約の話をしてクロージングします。もちろん成約できないケースが大半ですが、この場合も後味のよいように電話を切りましょう。

7　合意書をメールで送り、返送してもらう

成約できたら、例4のような合意書を先方にメールします。正式には紙の書面にすべきですが、私はこのような文面のメールでいまのところとくに問題が生じたことはありません。

このメールをそのまま返信してもらうことで、内容に同意した扱いとしています。法的拘束力はありませんが、これで十分です。郵便で同意書を送ったり送り返したりは、煩雑なだけで、せっかくのインターネットの利点を活かせません。

8　料金を振り込んでもらう

合意書では開始日までに振り込むようお願いしてあります。私はインターネット・バンキングの残高照会で入金を確認して、入金されていたら、例5のメールを先方に打っています。

することができます。

■費用振り込み
・初回振り込みは３カ月分お願いいたします。
・コーチング契約を３カ月ごとに更新するものとします。
・クライアントの事情でコーチングを中止する場合は月単位の返金とさせていただきます。
・初回振り込み金額
１回50分×４回×３カ月分＝￥60,000　（計12回）
（１カ月￥20,000；　月４回を標準としますが、抜けた場合は順延となります）
上記金額を下記宛お振り込み願います。（恐れ入りますが手数料はご負担ください）
・振込先：　三井住友銀行　□□支店　普通□□□□□□
杉本良明（スギモト　ヨシアキ）
・振り込み期限：開始日までに
・コーチングの開始予定日時：６月27日（日）20：00〜

■コーチの連絡先
大阪市西淀川区佃5-12-5-905
TEL　06-6477-3240
bfath602@cwo.zaq.ne.jp
http://www.cwo.zaq.ne.jp/coach/

■以上を確認され、コーチングを開始することに同意いただけましたら、本メールをそのまま返送願います。振り込み期限やコーチングの開始予定日は当方で暫定的に設定させていただきました。日程の調整については別途メールでご連絡ください。上記でよろしければ連絡は不要です。

例４

ようこそ！□□□□様
あなたをクライアントとしてコーチさせていただくことを、心からうれしく思っております。あなたが心から望むものを早く手に入れられることを強く念じております。

コーチング実践会
代表　杉本　良明

基本事項同意書
■あなたのプロフィール
□氏名　□□□□
□年齢　40
□住所　□□県□□市□□区□□X-X-X
□電話　03-3456-XXXX
□E-mail　mmmm@xxxx.jp

■基本ルール／同意事項
1．セッション
・あらかじめ決められた時刻にクライアントがコーチに電話をかけます。
・セッションのキャンセルは事前に連絡を入れます。
・連絡なしのキャンセルはセッション1回としてカウントします。
2．費用　３カ月単位で事前にコーチ料を振り込みます。
3．秘密厳守　コーチングで話した情報は双方とも第三者に口外してはなりません。
4．コーチングの目標達成はクライアントが責任を持ってとり組むものとし、目標達成をコーチが保証するものではありません。

■実施日
コーチングは月４回実施するものとします。基本的に次回の実施日は毎回終了時にその都度決めます。もちろん決めた後でも、クライアント・コーチ双方の合意により変更

□□□□様
お振り込みの確認をさせていただきました。どうもありがとうございます。
では27日（日）20：00にお電話をお待ちしています。

コーチング実践会
代表　杉本　良明
大阪市西淀川区佃5-12-5-905
TEL：06-6477-3240
スカイプ名：bfath602
bfath602@cwo.zaq.ne.jp
http://www.cwo.zaq.ne.jp/coach/

例5

9 コーチングの初回はバランス・ホイール（棚卸）から

いよいよ初回のセッション開始です。初回はバランス・ホイールといって、クライアントの抱えている問題の棚卸を行ないます。以下8項目について、10点満点で自己採点してもらいます。それを口頭で答えてもらうのです。

①仕事
②対人
③お金
④家庭
⑤健康
⑥精神
⑦整理整頓
⑧余暇

たとえば仕事で7点と答えてきたら、

・マイナス3点はどうしてですか。
・7点の理由は何ですか。
というふうに聞きとりをしていきます。私は聞きとりした内容を必ず小レポートにまとめて、クライアントにメールすることにしています。たとえば、例6のような感じです。

このようにバランス・ホイールを作成することによって、コーチングのテーマがはっきりするし、こちらもクライアントがしっかり把握できるわけです。

10 スケジュール管理

毎回セッションの最後に、次回のセッションの日時を決めます。決めた日時は手元のカレンダーに書き込みます。たとえば「21：00田中⑥」と書き込んでおきます。これは21：00から田中さんの6回目のセッションを行なうという意味です。いろいろ試しましたが、このやり方が一番簡単で確実です。

クライアントからは、何かと予定変更依頼が来ます。カレンダーをこまめに見直したり書き直したりする必要があります。

<40代女性、塾経営者のバランス・ホイール>

□□□□様
コーチングお疲れさまでした。以下に話されたことをまとめます。

・仕事 7	生徒数200名をめざしているが、**塾としてのパフォーマンスを上げること、業務の効率を上げることが課題である**
・対人 9	懐に入るのはうまいが、たまに距離感を保てないことがある。
・お金 3	**お金に執着がなく、残らない。**
・家庭 9	子供も順調だが、夫と腹を割って話せないようになった。
・健康 9.5	問題ないが、もう少し痩せたい。
・精神 9	精神力は強いと思うが、年1回くらい落ち込むことがある。
・整理整頓 3	**整理が苦手で探しものがとくに多い。**
・余暇 8	余暇は子供との時間に使いたい。最近は以前よりまし。

太字が現在のテーマです。すべて同じベクトルで、「効率改善」の問題です。
他の自己基盤は点数も高く、問題は少ないといえます。

例6

コーチング継続のご案内
□□□□様
コーチングのご継続ありがとうございます。引き続きお付き合いさせていただくことを心からうれしく思っております。今後ともよろしくお願いいたします。

コーチング実践会
代表　杉本　良明

■費用振り込み
・振り込み金額
１回40分×12回＝￥60,000　（１回￥5,000）
上記金額を下記宛お振り込み願います。（恐れ入りますが手数料はご負担ください）
・振込先：三井住友銀行　□□支店　普通□□□□□□□
杉本良明（スギモト　ヨシアキ）
・振り込み期限：開始日までに
・コーチングの開始予定日時：１月４日（日）９：00am〜

■コーチの連絡先
大阪市西淀川区佃5-12-5-905
TEL　06-6477-3240
bfath602@cwo.zaq.ne.jp
http://www.cwo.zaq.ne.jp/coach/

例７

11 契約延長の場合は

12回のセッションが完了した時点で、クライアントが継続を希望する場合は、例７の文面をメールして、料金を振り込んでもらいます。

6 開業しても会社をやめる必要はない

パーソナル・コーチングで生計を立てることを考える人はたくさんいます。しかし経済的に余裕のない状態で、コーチングのみで生計を立てるとなれば、ふた言目には「金、金」になってしまい、感心しません。コーチングは基本的に助言行為です。「仁術」の要素がないのは疑問です。経済的に十分余裕のある状態で、余暇にライフワークとして始めるべきだと思います。

もちろんプロとしてお金は頂戴しなければなりませんが、人間好きで、人のサポートに喜びを感じられる精神状態を保つことが第一です。体験だけ応募してくる人にも親身に対応する、そうした積み重ねがコーチング能力を磨き、やがてはお金をいただけるようになるのです。

仮にフルタイムのコーチとして独立したとしても、会社勤めをしている人を相手にするなら、早朝と夜間しか仕事がないことになります。昼間はヒマです。昼間自宅にいる専業主婦は大してコーチングのニーズを見込めません。会社勤めをしている人こそ、コーチングのニーズがあり、コーチングを受けるだけの経済的な余裕もあるのです。また、クライアント同様、日々組織内で起こる問題に向き合うので、現役ビジネスマンであることはむしろ強みになります。

4章

ホームページはこうつくろう

〜ホームページは24時間営業してくれる最高のツール

1 「先生稼業」では「待ちの営業」が鉄則

本人が売り込むと価値が下がる

コーチは「先生稼業」です。

「先生稼業」というのは、弁護士・税理士・社労士のような士業、医者、ピアノや塾の教師と同じ営業特性を持っているという意味です。「先生稼業」の先生本人が売り込んできた場合、買い手側は通常まず購買意欲がわきません。本人が売り込むと価値が減るのです。

そのため「先生稼業」では、必ず「待ち」の営業になります。また営業に回るにしても、必ず専任の営業を置いて、その人が営業に回る、という形をとります。ただ、いかに営業に回ろうとも、相手にニーズがなければどうしようもありません。相手にニーズがあるかどうかはたいへんわかりにくいのが難点です。

個人でパーソナル・コーチングをやっていこうという人が、専任の営業担当者を抱えるわけにはいきません。そのためには、待ちの営業に徹することになります。だからこそ、ホームページが必須です。前述したように、ホームページは24時間日本全国を飛び回ってくれる営業ツールなのです。

ホームページとブログは必須

コーチングは本人が見ず知らずの人に売り込んでも、まず買ってもらえません。ですからホームページに自分のコーチングのコンセプトをまとめて、見てもらうのです。名刺にもホームページのURLを入れておきます。コーチングをやっていることを告げると、ホームページを見てもらえる確率は高くなります。ホームページに共感してもらえれば、問い合わせをもらえる可能性があるわけです。

またEメールのフッターにURLをいれておけば、名刺交換したあとで、コーチングを売り込まなくても、

「コーチングのサイトをやっておりますのでごらんください」

といったフォローが簡単にできます。

ホームページはどうしても「よそ行き」の文面になりますので、ブログを併用するとなおよいと思います。相手はブログで普段着のあなたを理解することでしょう。ホームページとブログの間は自由に行き来できるようリンクをはっておきます。

いずれにせよ、ホームページやブログを見た人があなたに興味を持ち、コーチングを依頼したいと思ってもらうようにする必要があります。

私のクライアントにはコーチ業を志す方が数名いますが、例外なくホームページとブログをつくるのをコーチングのテーマにしていただいています。ほぼ全員が当初の目標通り、ホームページとブログを完成していかれて、大きな達成感を感じられるようです。私もいつも達成感のおすそ分けを頂戴しています。

2 ホームページは自分でメンテナンスしよう

ホームページ制作ソフトを利用する

ホームページ制作というと尻込みされる方がおられるかもしれません。しかし、難しく考える必要はまるでありません。ホームページは基本的に、ワープロのファイルをインターネット空間に転送しただけのものです。インターネット空間にファイルを転送するのは転送ソフト（FTPソフト）で行ないますが、いったん設定しておけばワンタッチで転送できます。メールやワープロができるのであれば、ホームページもちょっと練習するだけで、だれでもつくれるようになります。

ホームページを自分でつくればお金がかかりません。自作では見栄えが悪いというのであれば、主要なページだけは業者につくってもらう手もあります。しかし、手づくりのホームページには手づくりのよさがあるのです。手づくりのケーキには市販のケーキにない味わいがありますね。業者につくってもらったホームページはソツがないのですが、商業的で冷たい感じがします。むしろ素人臭さで、親近感を演出するのもひとつのやり方です。ちなみに私のホームページはすべて自作です。

ホームページ制作ソフトで有名なのは、ホームページ・ビルダーですが、インターネット上ではいろいろなソフトが入手できます。入手しやすいソフトを使えばよいと思います。

更新は自分の手で

いずれにしても、ホームページの文面は自分で更新する必要があります。インターネット・マーケティングでは、文章を何度も直しながら、ホームページを進化させていく必要があるのです。その修正をいちいち業者に依頼しなければならないようでは、お金もかかりますので、とても続きません。

3 サーバーの選び方

独自ドメインは必須ではない

よく「商用ホームページは独自ドメインをとれ」といわれます。独自ドメインとは「.com」や「.jp」で終わるような、見栄えのよいアドレスのことをいいます。

確かにそうした点はありますが、現時点で独自ドメインをとっても、コーチング関係のドメインはあらかた押えられてしまっており、あまりよいものが残っていないようです。プロバイダーの無料スペースでも、わかりにくかったり、長すぎたりするアドレスでなければ使えます。

たとえば、私のプロバイダーの無料スペースは、

http://www.cwo.zaq.ne.jp/bfath602/

ですが、これを

http://www.cwo.zaq.ne.jp/coach/

と別名登録してくれる無料サービスがあり、別名登録したアドレスでも結構見栄えがいいの

で、これでいくことにしました。何といっても無料なのがいいです。
おすすめできないアドレスはたとえばつぎのようなものです。

http://www016.upp.so-net.ne.jp/pccma214/（長くて複雑）

http://www.gld.mmtr.or.jp/~grmfq362/（チルダ「~」が使われていて入力しにくい）

こういったアドレスで別名登録サービスがないのなら、やはり独自ドメインをとったほうがよいと思います。

アドレスの変更を避ける

大切なのは、独自ドメインであれ、無料スペースであれ、**アドレスの変更は絶対に避ける**ということです。せっかく他のサイトからリンクしてもらっても、アドレスを変更してしまえば、デッドリンクとなってしまいます。

独自ドメインであれば、アドレスはそのままでサーバーを変更することができます。サーバーは現在低廉で信頼できるサービスが多く、有名どころならだいたい間違いはないと思います。

4 トップページにこだわろう

自分の写真と体験談で引き込む

トップページの役割は読者を引き止めることにあります。あなたのホームページは、読者からしたら、多くのホームページの中のひとつにすぎません。したがって数秒で価値を判断されてしまいます。

いいたいことがわからない、趣旨の伝わらないページは論外です。トップページにはわけのわからないイメージ写真ではなく、興味を引きそうな文章を置き、まずは数秒読ませること。その一点に目的を絞ってください。

よく、あるホームページを一回読み始めると引き込まれて、ついつい最後まで読んでしまったり、ついでにほかのページまで見てしまったりすることがありますね。トップページでは、こんなふうに読者を引き止めることができれば大成功なのです。世の中のほとんどのページは数秒で飽きられるのですから。

そういうページをつくるコツはあります。ひとつはトップページにあなたの写真を入れることです。もうひとつはあなたの体験談で読者を引き込むことです。

読者は、だれがこのホームページを運営しているか気になるものです。まして、読者はお金を払ってあなたのコーチングを受けようかな、と思っているわけです。それにはトップページであなた自身をアピールしておくことです。人間臭い写真が効果的です。その人間臭さが親近感を呼び、抵抗感を消すわけです。あとはあなたの体験談でちょっとした感動を呼び起こすのです。

あなたならではのコーチング哲学を

そして、コーチングについての説明を入れます。「コーチングを受けたらどんないいことがあるのか」、とくに「あなたのコーチングはどうすぐれているのか」という読者の「利益」を明確に表現します。「利益」がないと、読者はお金を払ってあなたのコーチングを受けようとは思わないでしょう。

試しに「コーチング」で検索して、いろいろなコーチングのホームページに当たってみてください。「答えはあなたのなかにある」だの、「なりたい自分になる」だの、どれもこれも似たり寄ったりだと思いませんか。

その他大勢で片付けられるホームページなら、存在意義がありません。ぜひともあなたのコーチング哲学をあなたの切り口で語ってください。ホームページを読んだ人に、他のだれでもなく、あなたにコーチングを依頼したいと思ってもらう必要があるのです。

トップページの構成

さて、トップページには大別してつぎのような3タイプがあります。

①メニューとバナー主体
②文章主体
③折衷型（メニュー部分でジャンプ先の文章の冒頭が読めて、「続く>>」と処理したもの）

①が世間に一番多いタイプで、一番トップページらしいトップページです。しかしインターネット・マーケティングでは、「読ませる」必要がありますから、②または③がねらい通りの効果を出しやすいと思います。しかし①でダメ、ということはありません。つくり方しだいです。

カウンターは、あったほうが制作側の励みになりますし、カウンターの数字の多さが、信頼性のアピールにもなります。ぜひつけてください。カウンターもホームページ設置以来の通算のカウンターと昨日分・当日分があったほうがよいと思います。来訪者の状況がよくわかります。

注意すべきなのは、カウンターのなかには同一来訪者のヒットを重複カウントする設定のものがあることです。見かけのカウンター数は上がりますが、実際の来訪者はそれほどでもないのです。こうしたカウンターはブラウザの更新ボタンをクリックするだけでカウントアップしますので、すぐわかります。

ただ、サイトが立ち上がったばかりで、来訪者が少なければ、故意にこうしたカウンターを使ってカウントを増やす手もあります。

筆者のホームページは

http://www.cwo.zaq.ne.jp/coach/です。よろしければ参考にしてください。

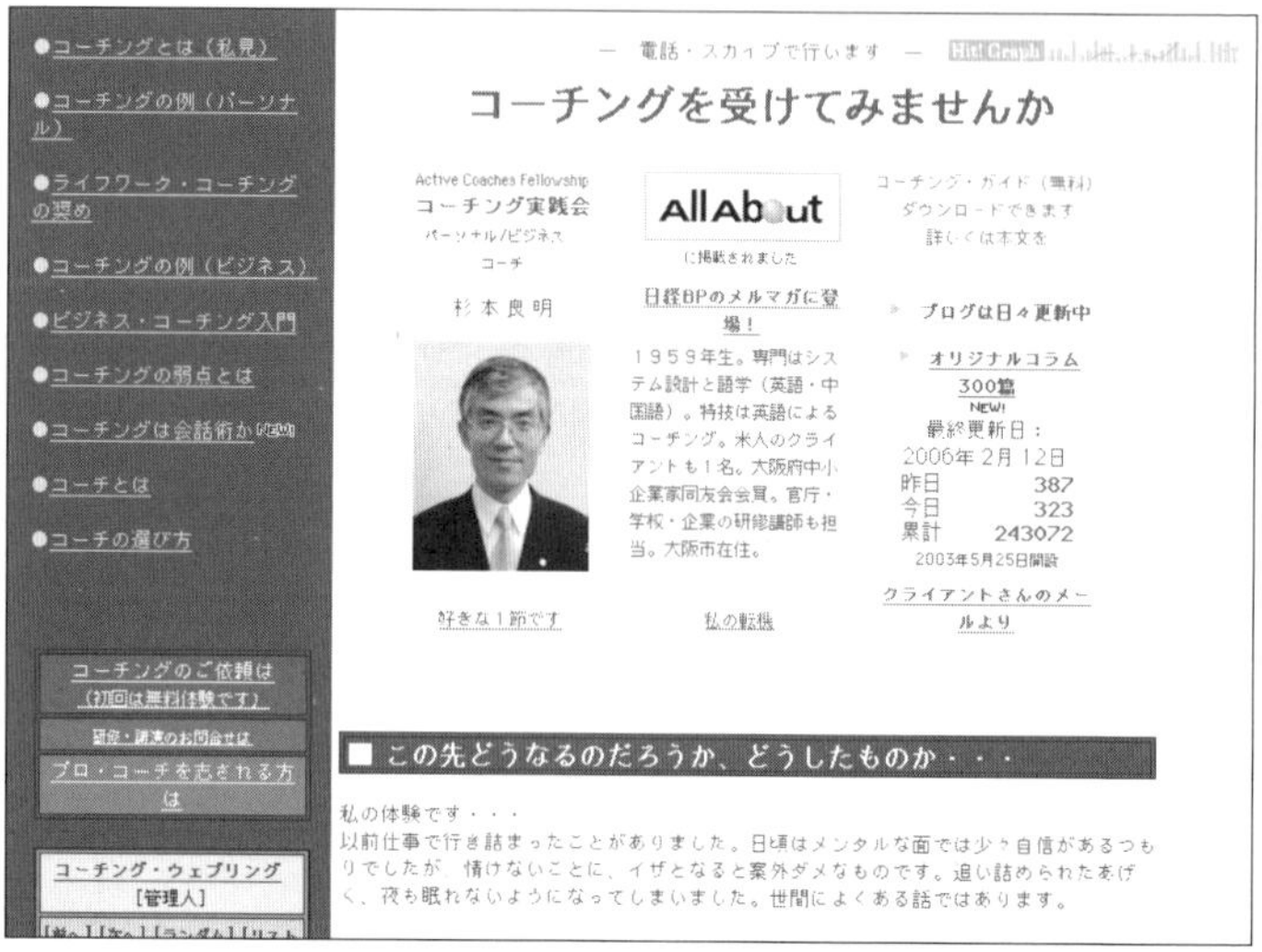

筆者のHPのトップページ

5 無料レポートを準備する

資料請求の「資料」づくり

読者はあなたのホームページで、はじめてコーチングという言葉を知った可能性もあります。いきなり体験コーチングを申し込むのは心理的抵抗もあることでしょう。そこで資料請求をしてもらって、無料レポートを送るようにします。無料レポートといっても、郵便で送ると手間や送料負担がたいへんですから、返信メールからリンクをはって、ＰＤＦファイルの小冊子がダウンロードできるようにします。資料請求してもらえば、その読者は当面引き付けておくことができます。

無料レポートは、あなたのコーチングを評価するツールです。ホームページと同じ内容ではうまくありません。ホームページの内容より、ちょっと突っ込んだ内容で、できれば「目から鱗」の内容がよいのです。といっても、あまりに長いレポートは読んでもらえませんから、8～10ページほどで作成します。その折りにコーチング代金のこともサラリと触れておきます。

ポイントは**無料レポートでコーチングを売り込んではダメ**ということです。あくまで情報提供にとどめ、抵抗なく体験コーチングが申し込めるようにするのがポイントです。

あなたは実は2人いた!?

コーチングはもうひとりのあなたを連れてくることができるのです。
もうひとりのあなたとはあなたの知らないあなた（潜在意識）
コーチが2人のあなたの橋渡しをお手伝いします。

優れたリーダーだけが知っている
能力を最大限に引き出す秘密！

【目次】

コーチング実践会
代表　杉本良明　記

無料レポートの例
(http://www.cwo.zag.ne.jp/coach/report/coaching_guide.pdf)

6 徐々にコンテンツを増やす

ブログ記事の転載がおすすめ

ホームページは1ページしかなくてもホームページです。しかし、ある程度の情報量を扱っていないと、やはり格の低さは否めません。コンテンツは徐々に整備していくべきです。検索キーワードで1位をとるようなホームページはたいてい総ページ数が100ページを超えるものです。

おすすめはブログに書いた記事をホームページに転用することです。通常古いブログ記事はまず読んでもらえませんが、内容的にすぐれたブログ記事はホームページとして転用するのがよいと思います。

ホームページを構成するHTMLファイル名はすべて index.html で統一するとすっきりします。index.html は省略可能なため、アドレスも短くてすむ利点があります。コンテンツページはトップページの1階層下とし、フォルダーでまとめます。

7 検索エンジンに上位表示されるテクニック

SEO対策は3つ

検索エンジンはロボットが全世界のサイトを巡回して、そのすべてをサーバーに取り込んでいます。その取り込んだデータを分析して、サイトの格付けを行なうのです。

検索エンジン上位表示対策は別名SEO（Search Engine Optimization）として知られています。検索エンジンでキーワードを検索された際、自分のホームページが上位表示されるようにすることをいいます。

SEO対策を行なううえでの基本事項は、

①キーワード対策
②リンク・ポピュラリティ
③アンカー・テキストマッチ

の3項目です。ほかにもいろいろ留意すべき点はありますが、この基本事項のみを押えれば効果は確実に出ます。

①キーワード対策

たとえば、「コーチング」というキーワードで検索したとき、検索エンジンに上位表示されたいとします。その場合、トップページ上に「コーチング」というテキストが多く出現していることが大切です。

多くといっても、全体の単語数の4～5％にするのが効果的です。多すぎても少なすぎても効果は見込めません。多すぎるとスパム（不正）行為と見なされて、ペナルティで大幅に順位が落ちる危険性があります。そのためには全体のテキスト量も適当でなければなりません。少なすぎてもロボットが反応しません。あくまでキーワードに関する情報サイトという考え方が大切です。

キーワード出現頻度解析ツールは現在、インターネット上で無償で提供されています(http://www.searchengineoptimization.jp/tools/keyword_density/)。これを使うことで、キーワードが全体の単語数に占める割合が測定できます。

トップページに画像を数多く使用するのであれば、スパムにならない範囲で、代替テキストを使って、「コーチング」を含む言葉を入れておく手もあります。

最近はキーワードより後述するリンク・ポピュラリティのほうが重視されるようですが、キーワード対策もある程度の効果は見込めるようです。

②リンク・ポピュラリティ

リンク・ポピュラリティとは、「どれだけ他のサイトからリンクしてもらえているか」ということをいいます。また格付けの高いページからリンクされていることが、そのページの格付けを高めます。格付けの低いページからでも数多くリンクされていれば、それなりの効果が見込めます。

もし仮に、あなたのホームページがヤフーのトップページからリンクされていたとしたら、おそらく検索エンジンで1位をとることは間違いありません。ロボットがそこまで判断するのです。

そのためには日頃からコツコツと、相互リンクに励むしかありません。相互リンク相手は他の有力サイトの相互リンク集を参考にするのがよいでしょう。相互リンク相手はコーチングのサイトに限る必要はなく、他の商用サイトにも積極的に依頼するべきです。

③アンカー・テキストマッチ

アンカー・テキストとはリンクのテキストのことをいいます。たとえば私のコーチングのホームページ・タイトルは「コーチングを受けてみませんか」であり、私の屋号は「コーチング実践会」です。どちらでリンクされたとしても、リンク文字列が「コーチング」という語を含んでいます。これをもって検索エンジンは、私のホームページは「コーチング」を扱ったホームページである」と判断します。その結果「コーチング」で検索すると上位表示されるわけです。

もし仮に私のホームページのタイトルが「コーチをつけませんか」で、屋号が「コーチ西日本」とすれば、リンクされた場合のリンク文字列が「コーチ」という文字を含んでも、「コーチング」を含みませんので、「コーチング」で検索した場合の上位表示には不利です。したがって、「コーチング」で上位表示したい場合、ホームページ・タイトルや屋号は「コーチング」という語を使わないと、最初からずいぶん割を食ってしまい、SEO的には報われません。この点はとくに注意が必要です。アンカー・テキストマッチの観点からいえば、相互リンクはバナーを使わず、テキストリンクで依頼したほうが得策です。バナーを使うと、たいていアドレスでリンクされてしまい、アンカー・テキストマッチのメリットが享受できません。

まずはこの3項目を重点的に対策することが大切です。

8 ブログで普段着の自分をアピールする

まめな更新で飽きさせない

ホームページはどうしても「よそ行き」の文面になりますので、ブログを併用するとなおよいと思います。相手はブログで気どらないあなたの姿を理解することでしょう。ホームページとブログの間は自由に行き来できるようリンクをはっておきます。

ブログは文章だけよりも、写真も使って視覚に訴えたほうが目立ちますし、見ていて楽しいものです。インターネット上にはフリー写真のサイトが数多くありますので、写真をもらってくるのもおすすめです。

私は「カウンセリングとコーチング」というタイトルのブログを書いています。このタイトルは「カウンセリング」でも「コーチング」でも検索エンジンにかかることをねらったものです。

05年末現在、私のブログの1日の来訪者数は120~130件といったところです。ささやかながらも、なんとか固定読者が数十名いてくださるようです。固定読者に愛想をつかされることがないよう、できるだけ頻繁に更新するよう心がけています。

ブログの記事をホームページに転用するという手は使えます。人知れずホームページ原稿を書き溜めていくくらいなら、むしろブログの記事にしてから後日編集したほうが、モチベーションを保ちやすいでしょう。過去のブログ記事はまず読んでもらえないものです。私は定期的にブログ記事をホームページに移していますが、この結果サイトのページ数が増え、検索エンジンの上位表示効果も出ました。

著者のブログ

9 関連テーマのホームページをつくる

ゲートウェイ・サイトでアクセス倍増

コーチングでメインのホームページを持つことはぜひとも必要ですが、これがある程度充実してきたら、関連テーマのホームページをつくることがおすすめです。私は、

「社会人のためのカウンセリング」
「ビジネス・コーチング入門」
「ライフワーク・コーチングの奨め」

というゲートウェイ（入り口）のサイトをつくり、これらのゲートウェイ・サイトを経由してコーチングのメインサイトを訪れてもらうようにしています。ブログも含めてコーチング関連で5サイトを運営しているわけです。いろいろなテーマから自分のメインサイトを訪れてもらうのがポイントです。

カウンセリングはコーチングの親戚といっていいでしょう。ですから、私はカウンセリング

のサイトをゲートウェイとして作成しました。これが「社会人のためのカウンセリング」というサイトです。このサイトは「カウンセリング」というキーワードでSEO対策をしています。その結果「カウンセリング」でもヤフー、グーグルとも5位以内に表示されます。

いまではすべてのゲートウェイ・サイトが「コーチング」で検索エンジン上位表示をはたしています。その結果相乗効果として、コーチングのメインサイトのアクセス数は倍増しました。

サイト名	検索キーワード	Yahoo	Google	MSN
コーチングを受けてみませんか	コーチング	1	1	2
社会人のためのカウンセリング	カウンセリング	5	2	1
ビジネス・コーチング入門	コーチング	4	5	—
ライフワーク・コーチングの奨め	コーチング	—	6	—
カウンセリングとコーチング	コーチング	11	7	—

筆者のサイトの検索エンジン順位　05年末現在

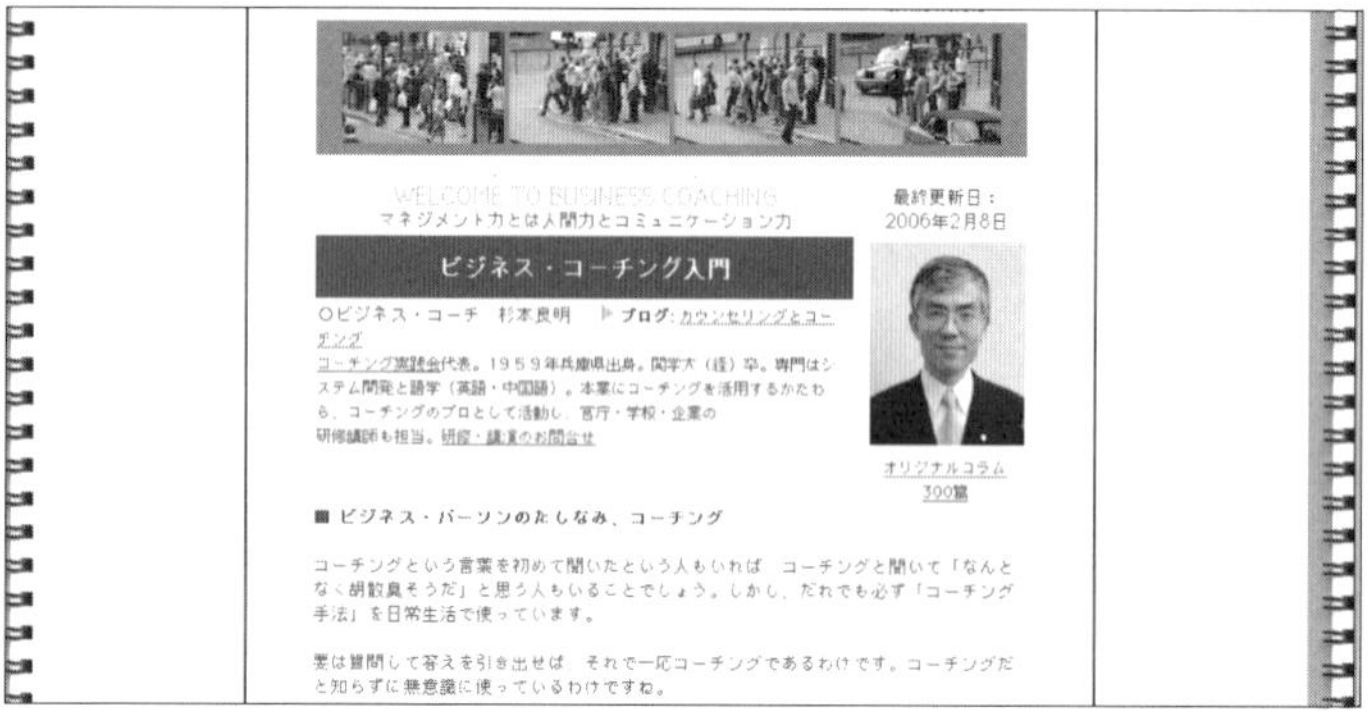

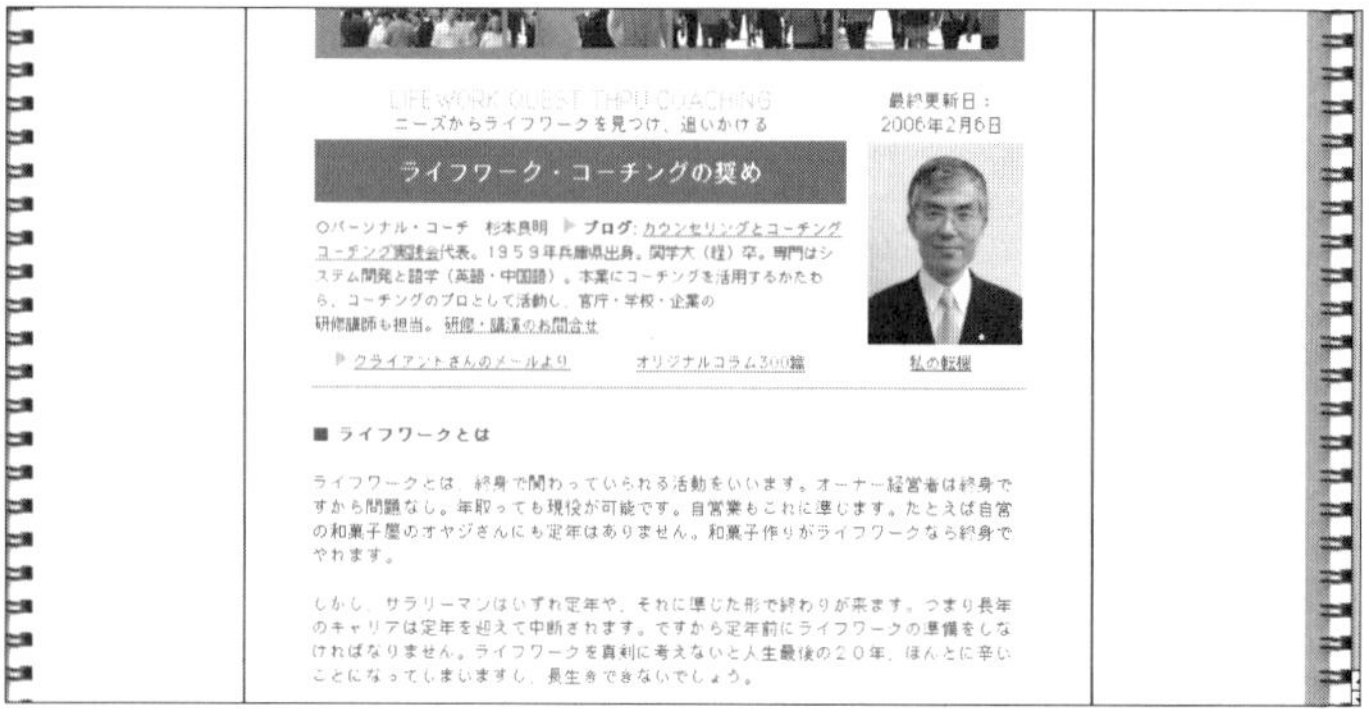

筆者のゲートウェイ・サイト

10 企業向け研修・講演のページをつくる

寄せられた反響を紹介すると効果的

コーチングのホームページ経由で一般企業・官庁・病院などの研修や講演依頼をお受けすることがあります。あなたがどのような研修・講演を提供できるのか、研修・講演のページをつくっておくべきです。

研修や講演をした結果、感謝のメールをもらったりした場合は、匿名で文面を載せておくと、あなたの研修・講演のよさがアピールできます。たとえば、次ページのような感じです。

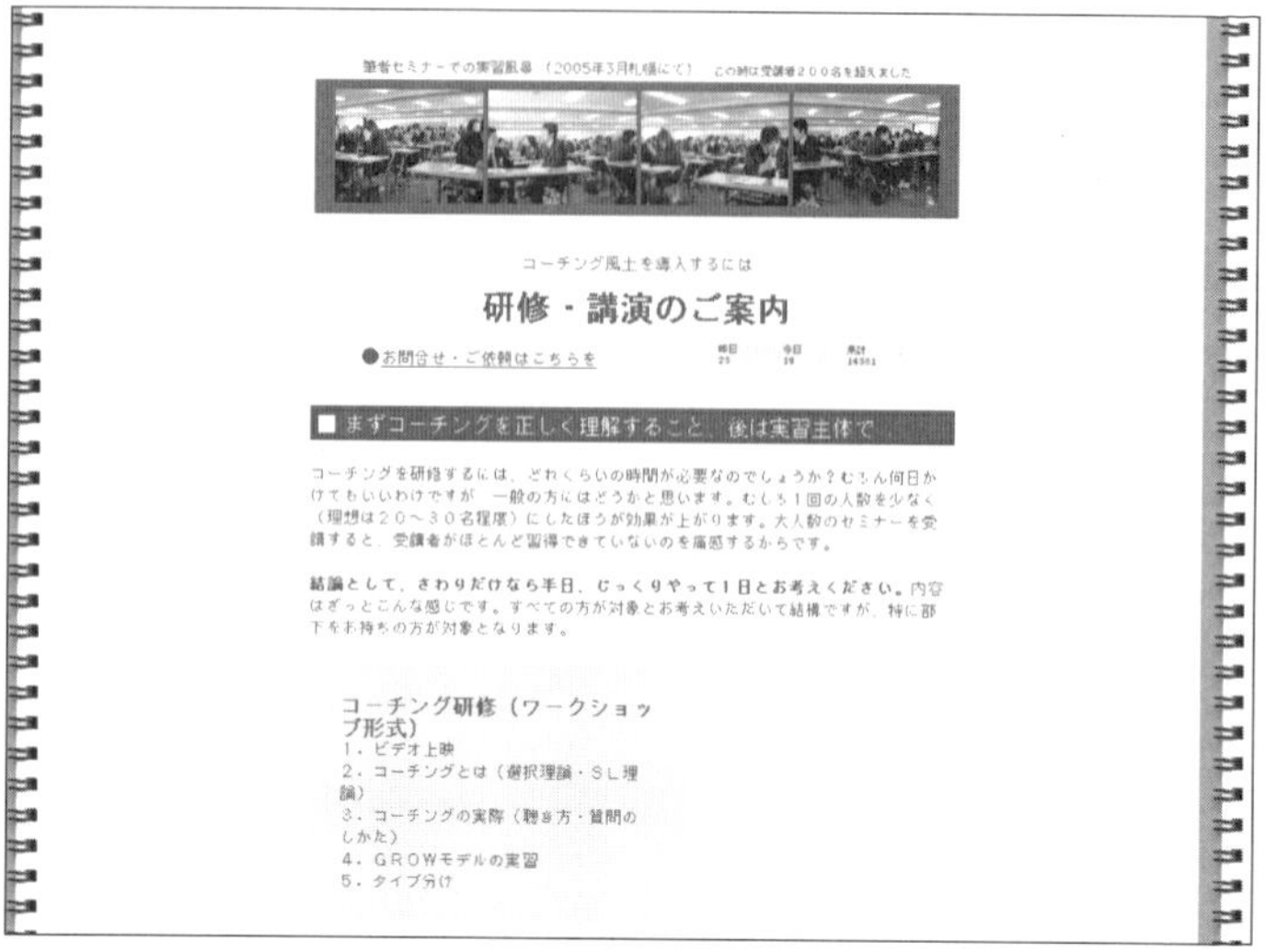

筆者の研修・講演のページ

時下益々ご清祥のこととお慶び申し上げます。

さて、先般実施いたしました「第□□回□□地区課長補佐研修」に際しましては、ご多用中にもかかわらず、ご講義いただき、誠に有り難うございました。

研修員からは、「初めて体系的に学べたので、今後はコーチングを使って部下の意欲を引き出していきたい」、「講義だけでなく、実習を通じて講師から具体的な話を聞けたので、是非職場で実践していきたい」等の声が聞かれ、本研修の所期の目的は達成されたものと心から感謝しております。

まずは略儀ながらお礼申し上げますとともに、今後ともご指導賜りますようお願い申し上げます。

【□□院□□事務局さまからお寄せいただいたメール】

11 コーチ志望者向けのページをつくる

サポートの様子を紹介する

コーチングを受けたい人のおよそ1割は、自分自身もコーチ業を志す人です。こういった人は先輩コーチにメンターになってもらい、コーチングを受けたいと思っています。ですから、コーチ志望者向けのページもつくっておくのがよいと思います。具体的にはあなたがコーチ志望者をどうサポートしているか、紹介するわけです。

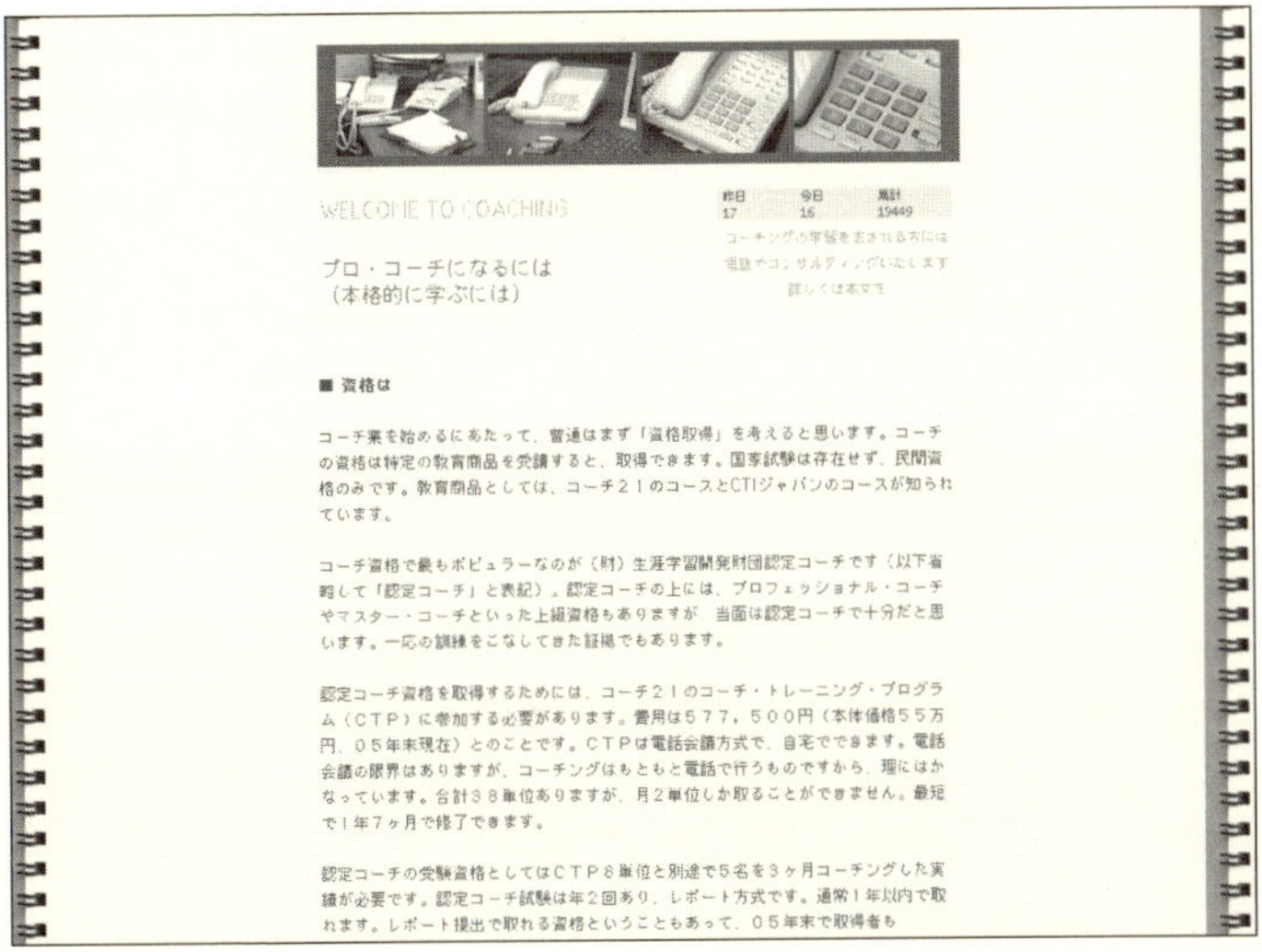

WELCOME TO COACHING

昨日	今日	累計
17	16	19449

プロ・コーチになるには
（本格的に学ぶには）

■ 資格は

コーチ業を始めるにあたって、普通はまず「資格取得」を考えると思います。コーチの資格は特定の教育商品を受講すると、取得できます。国家試験は存在せず、民間資格のみです。教育商品としては、コーチ２１のコースとCTIジャパンのコースが知られています。

コーチ資格で最もポピュラーなのが（財）生涯学習開発財団認定コーチです（以下省略して「認定コーチ」と表記）。認定コーチの上には、プロフェッショナル・コーチやマスター・コーチといった上級資格もありますが　当面は認定コーチで十分だと思います。一応の訓練をこなしてきた証拠でもあります。

認定コーチ資格を取得するためには、コーチ２１のコーチ・トレーニング・プログラム（ＣＴＰ）に参加する必要があります。費用は５７７，５００円（本体価格５５万円、０５年末現在）とのことです。ＣＴＰは電話会議方式で、自宅でできます。電話会議の限界はありますが、コーチングはもともと電話で行うものですから、理にはかなっています。合計３８単位ありますが、月２単位しか取ることができません。最短で１年７ヶ月で修了できます。

認定コーチの受験資格としてはＣＴＰ８単位と別途で５名を３ヶ月コーチングした実績が必要です。認定コーチ試験は年２回あり、レポート方式です。通常１年以内で取れます。レポート提出で取れる資格ということもあって、０５年末で取得者も

筆者のコーチ志望者向けのページ

5章

コーチングの実情を理解する

～クライアント獲得・維持は人間力の勝負

1 コーチングは会話術ではない

会話力1割、人間力9割

コーチング特有の会話術というものがあります。巷間のコーチングに関する書籍では「スキル」として紹介されているものです。たとえばオウム返し、沈黙、数値化、ビジュアル化、アイスブレーク……といったものです。コーチングに関する書籍では、単にこれらの会話術が紹介されているだけでなく、「コーチング＝会話術」といった図式が展開されています。

「コーチングのプロになりたい」といって私に連絡をとってきたサラリーマンがいました。よくよく話を聞いてみると、キャバクラの女の子にコーチングの「会話術」を試してみたところ、たいへん盛り上がったので、その気になったというのです。えらく軽いですが、「コーチング＝会話術」といった考えが浸透しているため、こんなふうに考えるのです。そして、会話術がうまくなればコーチになれると思い込みます。

コーチングの会話術を使えば、どうしても話の聞き手になりますから、もともと話を聞いてもらいたかった相手には喜んでもらえます。また、少なくとも高圧的な説教口調は回避できますので、会話は円滑に進みます。これだけでも結構なことです。

しかし、会話術の効能はここまででしょう。仕事や一身上の難問が持ち込まれた場合、会話術だけではとたんに機能しなくなります。

ではコーチングの質を決定するファクターとして、会話術はどれくらい効くものでしょうか。私にいわせると、「会話術」が占めるウェイトはせいぜい1割程度にすぎません。残りの9割は人間力が勝負です。

ここでいう人間力とは、理解力・分析力・表現力、さらには問題解決力といったコンサルティング能力、幅の広い見方といったカウンセリング能力、このふたつを総称したものです。

そもそも話術は人間力の発露であって、人間力のある人は話術もあるものです。そうすると、コーチング特有の話術のウェイトなど、どう考えてもごくわずかです。

「会話術のウェイトは1割。あとは人間力の勝負」

しかし、こんなことをいわれては、誰も会話術を学ぼうとは思いません。本来コーチングは人間力の勝負なのです。けれど、それをいってしまうと、人間力が不足している人はなすすべがありません。

教育ビジネスでは会話術を重視

ですから教育ビジネスでは、あえて「人間力」を伏せています。その結果、教育ビジネスでは会話術を前面に出して、「コーチングは会話術だよ」というように話がすりかわっているわけなのです。教育商品をビジネスにする場合、このほうが断然都合がいいのです。人間力は速成できませんが、コーチング特有の会話術は速成できるからです。

会話術の実習をしている限り、人間力の差はそれほど表面に出てきません。しかし、難問を抱えた人の相手をしたとたん、白日のもとにさらされます。

たとえば、話を聴くことだけをとっても、歴然たる差が出ます。

あなたは頭のかたい、わからず屋に多くを語りたいですか？

聡明で信義に厚い人ならどうですか？

人の話は人間力という器で聴くものです。だから話し方教室はあっても、聞き方教室はないのです。

ビジネス・コーチング、パーソナル・コーチングを問わず、「コーチングがうまくいかない」という声は聞かれますが、大半はコーチングする側の人間力が不足しているためであるといっていいと思います。

どんな人でも、「会話術」は学べます。ところが同じように会話術を身につけても、人間力のある人、足りない人とでは、コーチング能力にまったく開きがあるわけです。

ではコーチングに求められる人間力、つまりコンサルティング力とカウンセリング力とはいかなるものなのでしょうか。

2 コーチングに求められるコンサルティング力

悩む人には方向性を示す

現在コーチングの教育商品はいくつかの会社・団体から提供されています。こういった教育商品で勉強すれば、一般社会人からクライアントを取ることができるのでしょうか。

私の経験からいえば、コーチをめざすなら、コーチングの教育商品程度の内容は楽にこなせなければ話にならないと思っています。しかし、一般社会人からクライアントを獲得するにはそれでは不十分です。同じコーチングでも、教育商品としてのコーチングと一般社会人相手のコーチングとでは異なります。

同じライオンでも、動物園のライオンと野生のライオンは違います。動物園のライオンは与えられた肉を食べていればいいのですが、野生のライオンは肉を食べる前に、エサを捕まえて、肉に解体する必要があります。また肉を食べながら、解体し、さらに食べ進む必要もあります。たとえていえば、違いはこんな感じでしょうか。

ライオンは、

①捕まえる　↓　**②解体する**　⇕　③肉を食べる

これを一般社会人相手のコーチングに置きかえると、

①営業する　↓　**②方向性をコンサルティングする**　⇕　③コーチングする

となります。

困ったり、悩んだりしている相手をいきなりコーチングできることは稀です。通常はコーチングにいたるまでに、「方向性をコンサルティングする」ことが必要です。

方向性をコンサルティングするとはどういうことでしょうか。

たとえばAさんは管理職ですが、ずっと「たたき上げ」できたため、「上司は部下より実務ができなければならない」と思い込んでいました。その結果、不慣れな新任の部署で有能な部下に取り囲まれて、すっかり自信をなくしていたとします。

方向性をコンサルティングできないコーチは、Aさんに対してこういうのが関の山です。

「Aさん、ではあなたが実務能力をつけるには、何をすればいいと思いますか?」

しかし、方向性をコンサルティングできるコーチは、たとえばこんなふうに持っていきます。

「Aさん、それはすばらしいではないですか。有能な部下に囲まれているというのは、ひとつの理想ですよ。あなたに必要なのは、ご自身が実務に長けることではなくて、有能な部下から能力を目一杯引き出すことだと感じましたが、どうでしょう?」

後者のコーチはクライアントの固定観念を解体する、という付加価値をつけています。方向性をコンサルティングするとは、こういうことをいうのです。方向性のコンサルティングはセッション中1回ですむこともあれば、何度も行なう必要があることもあります。

②のプロセスではクライアントが要求するように方向性を設定するのではなく、クライアントにとって真に必要なことを見極めて方向性を設定しなければなりません。これは単なるコミュニケーション以上の世界です。

方向性のコンサルティング能力はコーチの洞察力をもっとも如実に反映したものです。もちろん、クライアントはこうした人間力のあるコーチにコーチングを依頼したいはずですね。

私が学んだ教育商品では、方向性のコンサルティングのプロセスは「視点を変える」とか「提案する」という形で触れてありました。方向性のコンサルティングについて詳述するとすれば、多岐にわたるコンサルティングに踏み込まざるを得ず、教育商品という形で扱うのは、事実上不可能と思われます。

教育商品としてのコーチングでは、実習相手がコーチングに十分理解があり、コーチングを受けようとしてコーチングに臨みます。したがって②「方向性をコンサルティングする」というステップは通常必要ありません。③コーチングする(肉を食べる)だけのステップでいいわけです。切り分けられた肉という形でエサが与えられる動物園のライオンみたいなものです。ですから、教育商品のカバーしている範囲で一般社会人からクライアントを得ようとすれば、通常うまくいきません。教育商品の内容に加えて、①②は個人個人で工夫する必要があるのです。とくに方向性のコンサルティングはある程度の社会経験があり、相応の人間力のある人でないとつとまりません。方向性のコンサルティングができる人こそ、コーチとして通用するのです。

「答えはあなたのなかにある」……だけではダメ

「答えはあなたのなかにある」……これはコーチングをかじったことのある人ならだれもが知っている、コーチングのキャッチ・フレーズです。実はこの真意が誤解されることがたいへん多いのです。

邦題『コーチング・バイブル』の原書では、Four Cornerstonesという章に、

The client is naturally creative, resourceful, and whole.
The coach does not have the answers; the coach has questions.

と書かれています。

「クライアントは、生まれつき創造的であり、すべてを持った存在である」

「コーチは答えを持たず、コーチは質問を持つ」

とあるのです。

「答えはあなた（クライアント）のなかにある」

人間ひとりひとりは宇宙・真理とつながった存在です。だから、どの人も無限の可能性を持つ存在という意味なのですが、その原則論・本質論だけでものごとが解決するわけでは決してありません。

「答えはあなたのなかにある」という、原則論・本質論を表面的に解釈していくと、出てくるのは次の考え方です。

「答えはクライアントのなかにあるなら、コーチという助言者は、コンサルタントみたいな専門知識がなくても、お手軽につとまるわけだな。よ〜し、これはいいぞ」

この調子で多くの人が安易にコーチングに飛びつくわけです。現在コーチング講座はよく売れていますが、このお手軽感がベースになっていると私は感じています。巷間の書籍を見ても、お手軽な会話術万能の論調に少なからず辟易してしまいます。

そしてコーチングをかじった人は、ふた言目にはこういうのです。

「答えはあなたのなかにあります。私はそれを引き出すだけです」

「答えは相手のなかにあって、それを引き出すだけ」なら会話術さえ磨けば、高校生でもベテラン社会人を相手にできる理屈ですが、もちろんそんなことは無理です。会話術を身につけても、コーチ側に人間力がないため、使いものにならないケースが圧倒的に多いのです。

しかし現状のコーチング業界では、コーチの人間力はあえてあまり問題にしません。

「答えはあなたのなかにある」という、原則論・本質論はもとより正しいし、「人間が無限の可能性を持つ」という理想主義は人をひきつけます。とにかく従来あるコンサルティングに対して「差別化」がはかれなければ、コーチングの教育商品の存在意義はないし、せっかくのお手軽感をあえて否定することはないのです。

「答えはクライアントにある」といっておけば、成果が出ないときはクライアントのせいにできるため、断然好都合です。コーチが方向性を提案できない言い訳として、「答えを与えるとクライアントが頼ってくるからよくない」というのは誠に具合がいいのです。

ものわかった人は、コーチングとその業界をどう感じるでしょうか。正直な感想としては、「確かに見るべき点はある。しかし、口先だけでいい気なものだ」でしょう。

理想主義の弊害

「答えはクライアントのなかにある」を表面的に理解していると、「クライアントのいうことは天の声」になってしまうことすらあります。

コーチについてもらっているというコーチングの学習者が、とあるセミナーで、左記のような発言をしていました。

「私のコーチはセッション後に、『○○さん、こんな進め方でよかったですか。何かお気付きの点はありませんか』と毎回フィードバックを求めてこられまして、良心的な方と感心しています」

これが本当に良心的でしょうか。

コーチングするということは、クライアントが求める方向性を設定するのではなく、コーチがクライアントに真に必要なことを見極めて方向性を設定しなければならないのです。「クライアントのいうことは天の声」だとして、毎度クライアントにおうかがいを立てているようでは、謙虚さの履き違えというべきです。

また、こんな経験をしたことがあります。

コーチを名乗る人々の一部には、自分に解決する能力がないのに、「答えはあなたのなかにある」のフレーズで取り繕ったり、格好をつけたりする風潮があります。私も駆け出しのころ、クライアントのとり方を先輩のコーチに尋ねたことがありました。

その人は、

「あなた、どう思います？」

と返してきて、わたしが何か答えると、

「そうですね、答えはあなたのなかにあるのですよ」

としたり顔でいうのです。

「だれもコーチングしてくれなんて頼んでないよ。まず人間として、人の質問に誠実に答えなさいよ」

と思ったものです。当時はこの問題を考えあぐねていて、何とか手がかりをつかもうと、別の人に同じことを尋ねたこともありました。その人もただひと言、

「答えはあなたの中にある」

と禅問答を返してきました。要は答えるのが面倒くさいということなのでしょう。ふたりともベテランと目されていた人でしたが、コーチング以前に人間として当たり前の誠実さに欠けています。

私の当たった相手はかなりたちが悪かったに違いありません。しかし、コーチングの教育商品を受講した人なら、多かれ少なかれ「答えはあなたのなかにある」をこのように誤解しているものです。

ある教育商品には、「クライアントはもともと完全な存在であり、自分で答えを見つける力を

持っていると信じる」とあります。

ここでいう答えがもし、「即座に100パーセントの正解が出せること」という意味であるなら、この主張には否、というしかありません。

しかし、「いまは5パーセントの正解でいい。100パーセントの正解は紆余曲折を経て、時間をかけて見つけてもかまわない」というなら大いに話が違ってきます。

たとえば、定年後何をするべきかわからないが、手始めに手ごろなファイナンシャル・プランナーの資格をとってみようというのなら、資格取得はとりあえずの答えです。しかし、クライアントの答えであることに違いありません。

また、何のテーマかはわからないが、将来本を書いてみたいと思っている人が、テーマを決めずにブログを書き始めたなら、これもとりあえずの答えです。100パーセントの正解は、とりあえずの答えを書いていくうちに見えてくることでしょう。

いずれもとりあえずの答えではありますが、立派にクライアントの答えであるといえます。

たとえばコーチが、

「私は……と考えますが、あなたどう思いますか？」

と訊いたとして、クライアントが、

「私もそう思います」

と答えたとしても、これはコーチの誘導ではありません。立派なクライアントの答えです。クライアントが自分で選択したわけですから。クライアントの正直な反応すべてがクライアントの答えなのです。

親や友人をはじめとして、学校の先生や会社の上司、あるいは専門家や占い師にいたるまで、「こうすればいい」と答えを与えてくれる人はいくらもいます。その人たちの答えをそのまま取り込むのではなく、自分で取捨選択すれば、それは自分の答えです。

さきほど登場した2名のコーチは、「答えはあなたのなかにあるのだから、一切他人の力を借りてはダメだ」と思い込んでいるのでしょう。だから私の問いにあのような答え方をしたと考えられます。

他人がくれる答えからでも、自分の答えはつくれます。要はクライアントが他人の意見を鵜呑みにせず、自分の価値観で処理すればいいわけです。こう考えれば、押し付けでさえなければ、コーチがたたき台としていくら自分の意見をいおうがかまわないわけです。

「答えはあなたのなかにある」ということと、他人の意見を求めるということは、まったく矛盾しません。残念ながらコーチをしている人の多くがこの点を誤解しているように思います。

つまり、「答えはあなたのなかにある」というのは、「人のいいなりになるのではなく、自分で選択しなさいよ、決断しなさいよ」ということです。そして「迷うこともあるだろうけど、いろいろな紆余曲折を経て、その過程で自分を磨いて、自分で答えを探しなさいよ」という意味なのです。これですっきりしますね。

お金を払うに値するのはコンサルティング力のあるコーチ

一般のコーチング理論では「答えはクライアントのなかにある」とし、助言者があれこれ提案することは奨励されていません。クライアントの成熟度が十分に高ければこれで何の問題もありません。しかし**クライアントの成熟度が低い場合は、クライアントからは凡庸極まりない発想しか引き出せないものです。**それに拘泥している限り、堂々巡りして前に進まない事態に陥ります。

たとえば、転職するべきか思い悩んでいるクライアントがいて、この人が転職するためにはまず仕事をやめなければならない、と思い込んでいたとします。

この場合、コーチが単に話を聞いて、やめたい気持ちを承認してあげるだけなら、この人は転職するために、まず辞表を出すところから出発することになります。これはずいぶんとリスクの高い無鉄砲なやり方です。その結果、このクライアントは本当にやめるべきなのか、さらに迷い続けることになります。

スキルのないコーチは、クライアントから引き出した発想なら、どんな凡庸な発想でも、「それがクライアントの答えなのだから」で終わってしまい、その発想に付加価値をつけることができません。もしそんなコーチに当たったなら、愚痴をいって鬱憤を晴らすくらいがせいぜいです。

しかしクライアントは成熟度が低いからこそ、助言者を求めているわけです。助言者に支援能力がないとわかると、その場は円満に引き下がっても、それ以上助言を頼みたいとは思わないでしょう。

こんな場合は助言者が積極的に提案をし、クライアントがその提案を踏み台により高い発想ができるようにする必要があります。つまりコーチングのためにコンサルティングを活用するわけです。

このケースでは、私ならこういいます。

・次の職が見つかるまで、いまの会社にいることを考えませんか。
・せっかく長年働いてきたのだから、しばらく休職して職探しをするのはどうですか。
・うつにでもなったことにして、病院で適当な診断書を書いてもらえば休職できますよ。

私の提案から発想すれば、このクライアントは給料をもらって職探しをして、たとえ職探しがうまくいかなくても、復職という選択肢を手にすることができるかもしれません。

「戦略のないコーチングは不可である」ともいわれます。

戦略とは何か？

結局、コンサルティング力です。少なくとも問題解決の方向性くらいは瞬時に導けなければなりません。コーチングといえども、クライアントの話を要約したり、質問したり、感想を述べたりする過程で、分析・提案といったコンサルティング力を行使しているのです。

世間一般の人々はあらゆる悩みを抱えています。**コンサルティング要素がゼロの、単なるコーチングだけではたいして役に立たないというのが実感です。**コンサルティング力（分析・提案）を補完的に行使できて、はじめて助言者として役に立つのです。

コーチングとコンサルティングを併用することなど、何ら目新しいことではなく、助言の当然のあり方のはずです。しかし、コーチングという新しい概念が生まれて専門化した結果、コーチングしか知らないコーチが数多く生まれたというわけです。

コーチングの実情からいえば、コーチングであってもコンサルティング力は絶対必要です。口先ばかりでコンサルティング力がなければ、一般社会人相手のネット・コーチングでは相手にしてもらえないと思います。クライアントの獲得も維持もできないでしょう。

コンサルティング力は一朝一夕にはつくものではありませんが、この現実はしっかり押さえておく必要があります。

3 コーチングにカウンセリングをプラスする

カウンセリングはパーソナル・コーチングに不可欠

たとえば、納期が遅れているため、あなたが大手取引先から手ひどく叱責されたとします。営業現場ではよくあるシーンです。大手取引先から今後取引を打ち切られては死活問題です。あなたは強いショックを受け、精神的重圧を感じることでしょう。こうなってしまうと、あなたは納期の遅れという問題に加えて、自分にかかってきた精神的重圧とも戦わなくてはなりません。

こういった精神的なストレスを抱えたままで、仕事に邁進することなどとうてい不可能です。したがってまず気持ちの整理をつけたり、心の持ち方を変えたりする必要があります。しかるのちに仕事の現実の問題を解消すべく、具体的な行動を策定することになるのです。

つまり、何か問題が起こった場合、

①気持ちの整理をつける（内的適応）
②問題を解消すべく行動を起こす（外的行動）

この2つのステップで問題を乗り越えていくのです。これは自問自答の自力で解決するにせよ、人に助言を求めるにせよ、

①内的適応　→　②外的行動

の順序となります。内的適応が外的行動に先行するのです。

カウンセリングとコーチングの定義は諸説がありますが、結局、**カウンセリングは内的適応を支援するもので、コーチングは外的行動を支援するもの**といって間違いありません。

問題によっては内的適応の支援だけですむケースもありますし、外的行動の支援だけですむケースもあります。しかし、多くの場合、内的適応の支援と外的行動の支援の両方が必要なのです。つまり、多くの場合、パーソナル・コーチングではカウンセリングという支援も求められるのです。いいかえると、

パーソナル・コーチング＝カウンセリングのフェーズ（局面）＋コーチングのフェーズ

といっていいと思います。

パーソナル・コーチングでは問題によっては、カウンセリングのフェーズのみ扱うことも多いのです。つまり、心の持ち方を変えれば問題は解決し、外的行動はとくに必要がないというケースがこれにあたります。カウンセリングのフェーズだけを扱えば、カウンセリングそのものとなります。

カウンセリングだけで問題が雲散霧消した事例をご紹介しましょう。

私のマンションの500メートル先に、火葬場があります。火葬場があるのは入居してから知りました。正直いってショックでした。マンション業者も、売り出すときは「近所に火葬場がございます。お亡くなりになったときは便利です」などとはいいません。

私は9階に居住しますが、火葬場の方角には12階のマンションが立ちはだかっていて、視界には入りません。だから気にはならないのです。とはいえ、気にしだすとやはりいい気持ちはしませんでした。

と、ある人にこのことを語ったところ、こんなことをいっていただけたのです。

「冷蔵庫を考えてごらん。日頃何の疑問も感じず、肉や魚を入れているが、これらは動物の死骸じゃないか。食材といってポジティブにとらえているが、台所はいってみれば火葬場なんだよ。同じ死骸でも肉や魚なら何とも感じず、人ならこれほど気味悪がるのは何とも不可解ではないか」

そうでした。このように考えを整理すると、最初は不気味に感じた火葬場の存在がだんだん気にならなくなりました。さすがに夜中に火葬場の前を通るのは気が進みませんが、いまでは何とも思わなくなりました。

つまり「転居」などという行動を起こさずとも、考え方を変えるだけで問題が解決したという一例です。世間にはこの手の問題が極めて多いのです。カウンセリングのフェーズとは、このように考え方を変えるお手伝いをすることです。

パーソナル・コーチングを始めると、通常はカウンセリングまで踏み込まざるを得ないのです。つまり、カウンセリングにコーチングのフェーズを追加したものが、パーソナル・コーチングであるわけです。

パーソナル・コーチングを始めてしまえば、カウンセリングで終わることもできるし、コーチングに進むこともできます。それはクライアントの状況次第です。コーチングのフェーズだけのコーチングはビジネス・コーチングですが、パーソナル・コーチングでは少ないのです。

こういった理由で、パーソナル・コーチングとはカウンセリングを組み込んだもので、カウンセリングを兼ねる、といっていいと思います。**パーソナル・コーチングにカウンセリングは不可欠なのです。**

カウンセリング力は肯定的な人生観と自在性

カウンセリング力とは何か？

これは肯定的な人生観に基づく感化力をいいます。肯定的な人生観とは、好ましいことも好ましくないことも含めてすべてを肯定する考え方のことです。

肯定的な人生観の持ち主はものごとを偏って見ないで、ものごとの価値を正しく理解し、バランスのとれた見方をするものです。これに反して否定的な人生観の持ち主は、ものごとの一面に囚われた狭い見方をするものです。「肯定的な見方・感じ方」をすることで、行動を起こさずして問題解決がはかれることはしばしばあるのです。逆に「否定的な見方・感じ方」をすれば、抱える必要のない災いを抱え、苦しむことになるのです。

たとえば、警察庁の平成16年度の統計によると驚くことに、年間3万2325人が自殺で亡くなっているそうです。この数字は、警察庁統計の平成16年度交通事故死亡者数（7358人）の約4・4倍になります。

主な自殺の理由としては、①健康問題　②経済・生活問題　③家庭問題があるそうです。痛ましい現実です。

貧困にあえいでいる発展途上国から見れば、食物、家電製品、携帯電話など便利な物質であふれている日本は、まるで夢のような世界であることでしょう。この事実をどう理解するべきなのでしょうか。

結局、自殺した人の多くは、「失意のなかで生きる意義を見出せず死を選んだ」ということです。たとえば、仕事で行き詰まったから自殺したというのであれば、仕事に囚われていてその他のものが見えなかったわけです。ものごとの一面に囚われた、狭い「否定的な見方・感じ方」をした結果、自分の境遇に対して「肯定的な見方・感じ方」ができなかったというしかありません。

パーソナル・コーチングは「なりたい自分になること」が目的で、目標設定・目標管理が重視されます。しかし、生きる意義は目標設定・目標管理だけで見出せるのでしょうか。功利的な目標設定だけでうまくいくとはとうてい思えません。

生きる意義は、肯定的な人生観のなかにこそ見出せるものです。絶望して、意気阻喪し、生きる意義を問い直すような事態は、日常生活でいくらでも発生します。その場合クライアントは通常、ものごとの一面に囚われた、否定的な狭い人生の見方をしているものです。

この場面でこそ、コーチは「肯定的な見方・感じ方」に基づいて相手をする必要があるのです。単に常識的な考え方のみに基づいた目標設定・目標管理の考え方しかいえなければ、クライアントは話もしたくないと感じるはずです。

ですから、肯定的な人生観はコーチにぜひともなければなりません。そうした人間力のないコーチなどたかが知れている、といいたいのです。それがなければクライアントに貢献することなど、とうていおぼつかないからです。

では肯定的な人生観とはどのような考え方でしょうか。

人はあらゆる生命によって生かされています。「生かされて生きている」という認識、これが肯定的な人生観の原点だと思います。しかし、私たちはしばしば、この認識を忘れてしまいます。その結果、何のために生きているのかわからなくなり、悩みだしたりします。しかし、「生かされて生きている」事実を少なくとも頭でわかっていれば、いずれまたこの事実を思い出すことができます。

「生かされて生きている」という肯定的な考え方に徹するとき、好ましいことも好ましくないことも前向きに受け取る知恵が生まれるのです。肯定的にものごとを見て、世間の常識と正反対の考え方もできることが、ここでいう知恵なのです。世間の常識は正の論理、正反対の考え方は逆の論理です。

正の論理（世間の常識）
・人は努力して生きている
・いやなことはいやで当然だ
・困ったことがあったら思い悩む
・ひどいことをした人は憎んで当然だ
・ピンチはピンチだ

逆の論理（正反対の考え方）
・人は生かされて生きている
・すべてのことに感謝しなさい
・困ったことがあっても平気でいる
・ひどいことをした人でも愛しなさい
・ピンチはチャンスだ

逆の論理を押えれば、相手に気付きを起こす力が増大します。

たとえば、苦手な上司とうまくやっていけないクライアントがいたとします。この人に理解力や咀嚼力がない場合は、苦手な上司を否定的にしか見られないものです。

この人を正の論理だけでコーチングして、単に傾聴し、承認していたのでは、引き出せる答えに限界があるのです。逆の論理も押さえたコーチであれば、傾聴し、承認しつつも、理解力・咀嚼力に幅があるため、クライアントがもっと肯定的に上司を見ることができるような視点を提供できるはずです。

もちろん正の論理が基本です。しかし、逆の論理もときとして必要なのです。問題に応じて正の論理・逆の論理を使い分ける必要があります。

たとえば、「苦しいからやめておく」のは正の論理です。しかし、これだけでは試練を乗り越えることはできません。逆の「苦しくてもやりとげる」という論理もときとして必要なのです。両方の考え方を融合した一段高いものの見方ができて、はじめて有能な助言者になれるのです。

そのためには逆の論理を押さえなくてはなりません。すべてを肯定的にとらえる人間力を原点に持つことによって、正の論理と逆の論理の間を自由に行き来できる自在性を身につけるのです。

私たちはだれでも自分の感じ方を通じてしか、全世界を理解することができません。ということは、全世界を自分の考え方で理解している、ということになります。肯定的な一段高い考え方をすれば、全世界が変わって見えるのです。

すべてを肯定的に考える結果、「いま、ここにいて、いたるところにすばらしく美しい世界を見出すこと」こそ知恵なのです。**カウンセリング力とは「いま、ここにいて、いたるところにすばらしく美しい世界を見出すこと」の手伝いができることです。**それでこそ、プロとして料金を頂戴する資格があるのです。目標設定や目標管理はそのあとのことです。

カウンセリング力とは、正の論理と逆の論理の間を自由に行き来できる自在性を兼ね備えてはじめて完成するのです。

4 助言手法にこだわるな

クライアントからすればなんでもいい

ご存知のように、助言手法にはカウンセリング、コンサルティング、そしてコーチングがあります。この3つは、助言をアプローチのしかたから分類したものといえます。

カウンセリングやコーチングでは、「○○という資格がある」「□□から認定を受けた」「△△コースを修了した」ということが必ず引き合いに出されます。それは体系立てて基礎から学んだということを示すもので、意義のあることです。ですが、その結果、自分が学んだ助言手法のイデオロギーに自縛されている人が少なからずいます。それでは本末転倒だといいたいのです。

「答えはその人に備わっている」――これは真理です。

「傾聴こそ大切」――これもその通り。

しかし、それがイデオロギーになってしまっては、実際にクライアントの役に立つことはできません。

現在のカウンセリングサービスは、ひたすらクライアントのいうことに耳を傾ける「傾聴」という手法が主流です。答えはその人に備わっていると考えます。だから提案は基本的にしない。コーチングも多くはそうです。前述したように、「答えはあなたのなかにある」という金科玉条に安住して、提案ができない人間力の不足した助言者が多いのが実情です。

私は、そうしたカウンセリングやコーチングを体験してきました。それらの行為に意味がないとまではいいませんが、「傾聴」に終始するやり方にあまり積極的な価値が認められないのです。

コーチングといっても、カウンセリングの要素もコンサルティングの要素も必要なのです。助言は総合的に全体でとらえるべきです。イデオロギーめいた手法の体系はあくまで二義的なものです。

クライアントにしてみれば、どんな手法でも結構。それで悩みや問題が解決して、自立できて、自分の夢が実現すれば、手法など何だっていいはずです。

資格や認定があっても、よくない助言はいくらでも存在します。よくない助言とは、救済力のない助言です。基本的に救済力のない助言は、買ってもらえない、続かない、残らないのです。救済力のない助言は、いかに美辞麗句を弄そうと、価値がないといわざるを得ません。

理想の助言とは

では、理想の助言とはいかなるものでしょうか。

それは**自在性のある、なんでもありの手法**でしょう。

カウンセリング、コンサルティング、そしてコーチングを相手に応じて縦横に駆使する。

その結果、相手が自立する。

それを可能にするのが助言者の知恵です。

結局、「助言者の助言がどれほどの自在性を持つか」「その結果クライアントがいかに自立できるか」。これが助言の価値です。

助言者がどれだけの自在性を持つか、これが助言の格を決定するのです。いいかえれば自在性のない助言者ほど、救済力がないということになります。

結論として、自在性のある、何でもありの手法こそ、本来の正しい助言なのです。手法は二義的なもので、そんなものにこだわるのは本末転倒なのです。悩める一般社会人相手のネット・コーチングでは自在性ある助言こそが理想で、クライアントから真に求められることなのです。

とはいえ、われわれ凡人にはなかなか到達しがたい境地ではあります。こうした方向性だけは押さえて、あとは各自で自分の持ち味を磨いていけばそれでいいのだと思います。

6章

パーソナル・コーチングを買ってもらおう

～パーソナル・コーチングの実際

1 画期的なパーソナル・コーチングのスタイル

電話で定期的に対話を持つ

老若男女を問わず、生まれてこのかたコーチングをしたりされたりしたことがない、という人はまずいないはずです。要は質問して答えを引き出したら、コーチングです。昔はそういう言葉を使わなかった、というだけのことです。

コーチングという言葉を使わなくても、「質問型のコミュニケーションが、意欲を引き出したり、発想を引き出したりするのに効果的である」というのは、賢明な人なら昔から気付いていたことでしょう。コーチングの効果というのは、昔もいまも変わらないはずです。

では、何が画期的なのか。

私にいわせると、**個人クライアントが1～2週間ごとに電話でコーチと話すというスタイルが「コーチング」という言葉の出現とともに定着したこと**です。

私のコーチング活動は100パーセント、インターネットに支えられています。すべてインターネットから連絡があってコーチングを開始します。実際にクライアントとお会いすることもありますが、ほとんどのクライアントとは面識がありません。そして面識がないまま数カ月間コーチングを繰り返し、顔を知らないままお別れするのです。

この一連の流れを、お互い抵抗なく行なえるようになったことが画期的だと思います。パーソナル・コーチングという形で、他人のサポートを円滑に受けることができるようになったことは、個人にとっても社会全体にとっても、たいへん好ましいことです。こうした時代に生まれ合わせたことを心から幸せに思います。

パーソナル・コーチングは「第3の場」

素顔をさらけ出して何でも話せる相手というのは、職場ではまず期待できません。職場では、職場向けの言動というものが存在するのです。

それでは、家庭で素顔をさらけ出すことができるのでしょうか。これも、ときと場合によります。家庭では、夫の顔があり、妻の顔があります。あるいは父親の顔があり、母親の顔があります。現実には必ずしも自分の素顔とは一致しません。

そこで、自分の素顔をさらけ出すことができる「第3の場」が必要になってきます。それは多くの場合、職場・家庭以外の人間関係に実現します。たとえば学生時代の同級生であったり、趣味の友人であったりするわけです。

そういったコミュニケーションの場を確保することが、職場や家庭で精神衛生を健全に保つ秘訣であり、人生をより楽しく、充実させる必要条件です。

「第3の場」で何を話すのか。

これは結局、「何のために生きているのか」、「自分は人生で何をやりたいのか」、「よりよく生きるにはどうすればよいのか」、という根源的な問題を、直接的間接的に語り合うということなのでしょう。職場・家庭でこんな話はできません。とにかく目先のことに追われているからです。

通常、「第3の場」でコミュニケーションをとるためには、どこかに集まって、多くの場合飲食をともにすることになります。時間もかかるし、飲食費・交通費もかかります。

パーソナル・コーチングはまさに、「第3の場」であるわけです。コーチングは料金がかかりますが、深夜でも早朝でも、定期的に短時間、「第3の場」のコミュニケーションが持てるわけです。ただし、コーチが自分にとってよきメンターである必要があります。

パーソナル・コーチングではカウンセリングが6割

前述したように、パーソナル・コーチングは、

①内的適応 → ②外的行動

の順序となります。内的適応が外的行動に先行するのでしたね。ですから、

パーソナル・コーチング＝カウンセリングのフェーズ＋コーチングのフェーズ

なのです。カウンセリングのフェーズとコーチングのフェーズの時間的な構成比は、もちろんクライアントの状況によって異なりますが、平均値をとれば、

カウンセリングのフェーズ：コーチングのフェーズ＝6：4

くらいになります。断然カウンセリングの比率が高いです。コーチングのフェーズが必要ないことも多いのです。カウンセリングのフェーズがなく、コーチングのフェーズだけというのはビジネス・コーチングですが、パーソナル・コーチングでは少ないのです。コーチングらしいコーチングのみで、セッションのすべての時間を使うということはあまりない、と考えてください。

セッションは大半がカウンセリングとコーチングの折衷で、カウンセリングのウエイトが相

当高いのが実情です。ネット・コーチングでホームページから連絡をとってくる人は大半がカウンセリングを受けたい人です。

ただし、コーチング・セッションの回数を重ねてクライアントが精神的に落ち着いてくると、カウンセリングの比率は次第に減っていく傾向にあります。カウンセリングとコーチングの比率が逆転して、だんだんコーチングらしいコーチングに移行していくのです。

「コーチングの看板を掲げているのに、実質カウンセリングをやっていては矛盾ではないのか」と思われるかもしれません。確かにその通りです。しかし、コーチングらしいコーチングだけで事足りる人など少ないのが実情です。**コーチングのみにこだわると、クライアントが相当限定されます。**お金を払ってまでコーチングを受けたい人はたいてい悩みのある人ですから、当然でしょう。

つまり、パーソナル・コーチングは「従来のカウンセリング＋α」で、このαが純粋のコーチングというわけです。**ネット・コーチングで扱うパーソナル・コーチングは、どちらかというとカウンセリングが主体なのです。**このポイントは十分に押えておいてください。

2 コーチングは極めて論理的な対話

日本にはない論理の文化から生まれたコーチング

プラトンの『対話篇』に出てくるソクラテスの問答こそ「元祖コーチング」でしょう。私は高校時代に副教材で勉強させられたことがあります。

正方形の面積を2倍にするためには一辺の長さをどれだけにすればよいかという問題の答えを、召使の少年がソクラテスと問答するというくだりがあります。答えはソクラテスによって押し付けられたものではなく、少年が自発的な判断を発揮して答えたので、その意味では確かに自分で問題を解いたのです。

これはコーチングの理想モデルといえます。それは、**どこがわからないか、ということを対話のうちで積み重ねることによって正しい答えにいたる**、というものです。この方法をとるならば、たとえ知らないもの同士の対話でも答えが見つかる、というわけです。

欧米では、こうした対話が紀元前より文化として存在しています。

ちなみに対話というのは英語でダイアログ（dialogue）ですが、ギリシャ語ではディアロゴス、つまりディア（異なる）＋ロゴス（論理）の意で、２つの異なった論理がぶつかり合うことを意味しています。論理（ロゴス）そのものが対話（ディアロゴス）から生まれてくるというわけです。

日本人はこの「徹底して対話する」という文化を持っていません。以心伝心で「わかるだろ」「わかった」で微妙に食い違ったまま話は進んでいきます。農耕民族ゆえに、以心伝心をよしとするからでしょう。「和をもって尊しとなす」という文化もあります。**要するに日本は論理（ロジック）の文化ではないのです。**

相手の話をよく聴いたうえで要約する

ですから私たち日本人は、相手の真意を知るために、とにかく相手の話をよく聴くことが大切です。そして相手の話を自分なりの感性で要約して、それを相手にぶつけてさらに聴き出す。この訓練が必要なように思います。

そのためにはうるさがられても、徹底して質問する。そして徹底的に理解に努める。ポイントは論理的に相手の話を整理することです。

コーチングの手順は、

①徹底して聴く
②相手の真意を論理的に整理する
③相手が矛盾に気付いて答が見つかる

①徹底して聴く ⇕ ②相手のいったことを論理的に要約する、という行為の繰り返しによって、相手は自分の固定観念や考え方の矛盾に気付いていくのです。たとえば、

「どうも最近、何をするのも億劫だ。何とかしなければ」

とクライアントがいったとします。

「ああそうなんですか、億劫なわけですね。じゃ、どうしたらいいと思いますか」

と、ものわかりよく受け入れてしまうと、話は深まりません。そもそも、クライアントの意味する億劫と、あなたが理解する億劫が同じとは限りません。億劫でない状態にするべくコーチングする場合、つぎのような質問をすることになります。

「あなたのいう億劫とは、どういう心の状態ですか」
「あなたが億劫なときと億劫でないときと、何が違うのですか」
「あなたはどういったことに対して億劫になるのですか」
「あなたはどういった理由で億劫になるのですか」
「あなたは億劫にならないために、たとえばどんなことができますか」

こういった質問は日本ふうの以心伝心とは異質の西洋的な対話です。論理という点ではディベートに相通じるものがあります。

コーチングはすぐれて論理的な対話である、という点を押さえてください。

3 パーソナル・コーチングの「守破離」

コーチ業は独自の色で勝負

「守破離《しゅはり》」という言葉をご存知ですか。世阿弥《ぜあみ》の『風姿花伝《ふうしかでん》』にある言葉です。

ものごとを学び始めてから、ひとり立ちしていくまでの3つの段階。最初は教えを守り（守）、次に自分なりの発展を試み（破）、最後には型を離れて独自の世界をつくり出していく（離）ことをいいます。

コーチ業にも「守」はあります。たとえばGROWモデルとか、おうむ返しとか、沈黙のスキルなどは明らかに「守」だと思います。これらの多くはコーチング特有の会話術で、○○のスキル（技法）と呼ばれるものです。巷間のコーチングの教育商品や入門書が「守」を扱っています。

習いごとというのは、「守」が極めて厚く、深いのが通例ですが、コーチングは例外です。コーチングというのは助言手法の一部を抽出した体系なので、独自の「守」は浅いのです。コーチングの「守」は個人個人が創意工夫のうえで発展させる必要があるのです。
私自身は早々に「破」「離」に進み、「守」は「破」「離」のレベルから復習した、という気がします。
コーチングの技法の数は多く、そうした内容は他の本でいくらでも解説されています。ここではコーチング技法のなかでも、とくにネット・コーチングの一般社会人向けに有効な技法を「守」「破」「離」に沿ってご紹介したいと思います。
「守」：コーチングの教育商品や入門書に準拠した技法
「破」：筆者が独自に工夫した技法
「離」：「破」をさらに発展させたものだと思ってください。

4 パーソナル・コーチングの「守」

1 GROWモデルに忠実に話を進める

GROWモデルは、元カー・レーサーで『はじめのコーチング』の著者として知られている英国のジョン・ウィットモア卿が最初に提唱したものです。「コーチングの基本中の基本」とされています。

GROWはGOAL（目標）、REALITY（現状）、OPTIONS（方法）、WILL（着手）の頭文字をとったものです。

GROWモデルの4段階

- 目標（**GOAL**）　何を目標にしますか？
- 現状（**REALITY**）　現在、どんな状況にありますか？
- 方法（**OPTIONS**）　どのような方法で改善・実行しますか？
- 着手（**WILL**）　いつから実行に移す予定ですか？

コーチングがカウンセリングとか身上相談とどう違うのかといえば、目標（G）が最初にくることです。そのことで、どういう効果が見込めるのでしょうか。

ずばり、対話の生産性が上がり、対話の時間が大幅に短縮されることです。

上司と折り合いが悪く、転職したい人は多いものです。このような人に対して、たとえば、現状（R）から話に入るとどうでしょうか。

「どうされました?」（現状の質問）

このように訊くと、「実は……」と軋轢《あつれき》の詳細が語られますが、いかに上司のせいで嫌な思いをしているかという話にえんえんお付き合いすることになります。

「で、どうされたいのですか?」（目標の質問）

「転職したいと思っています。何とかいまの環境を抜け出したいのです」

ここからがやっと本題です。クライアントは現状逃避から転職を語ってしまい、とてもクライアントの可能性を引き出すコーチングとはいえません。

ではGROWモデルだとどうなるのでしょう。

「今日は何のお話でしょうか?」（概要の質問）

「転職の話で連絡をとらせていただきました」

「で、どうされたいのですか」（目標の質問）

「転職したいのですが、何から手をつけたものかと思っています」

「そうですか。どうして転職されたいのですか？」（現状の質問）

「実は……」

この段階から現状（R）を話してもらうと、自然と目標達成の観点から必要な情報を限定して話すことになります。関係のない話はとりあえずする気にならないものです。最初の例とまったく違った展開になるのは、容易に想像がつきます。

これは目標（G）を設定することによって、対話が「行動による問題解決」という方向性を持つからです。方向性を持てば現状（R）のステップも効率的に短時間で終了することになります。**目標（G）に軽く触れるだけなのに、こうなるのです。**

その結果、方法（O）と着手（W）にはかなり早くいきつくことになります。40分もあれば、ほぼセッションは終えることができます。

このように、目標（G）を冒頭に把握し、対話に「行動による問題解決」という方向性を持たせるのがコーチングなのです。

前述したように、パーソナル・コーチングはカウンセリングのフェーズが多くを占めます。**カウンセリングのフェーズであっても、最初に目標（G）を押えておくと、対話の生産性が向上するうえ、コーチングのフェーズに進めやすいのです。**

概要の把握も必要

コーチはまず目標（G）を把握しなければなりません。しかし、いきなり、

「どうされたいのですか」（目標の質問）

ではあまりにも唐突で対話の体をなしません。そこで目標（G）を問う準備手順として、何の件の対話なのか、コーチがクライアントの問題の概要をまずは軽く明らかにする必要があります。先ほどの例では、

「今日は何のお話でしょうか？」（概要の質問）

が冒頭に必要なのです。概要は現状（R）をひと言で要約したものです。つまり、

概要→目標（G）→現状（R）→方法（O）→着手（W）

となります。

私の体験から

前述したように、私はインターネットのホームページで体験コーチング（トライアル）を受け付けています。40分程度のコーチングを行ない、その場でどうすればよいのか、という大筋の解決の方向性を導くというものです。

体験コーチングを始めた当時は、現状（R）から入って、目標（G）に進んでいました。これでも手段（O）まで導けますが、時間が長めにかかる傾向がありました。

それでコーチングの冒頭で、目標（G）を必ず相手に明確に答えてもらうようにしたところ、短時間ですむようになりました。基本はやはり大切であると痛感した次第です。GROWモデルはやはりそれだけのことはあると思います。

根本的にコーチングは目標（G）なくして成立しないのです。明確な目標（G）を押えて、はじめてGROWモデルが機能し、コーチングになるのです。

コーチングは現状からか、ゴールからか？

また、現状から入ってつぎにゴールに進んだ場合について考えてみましょう。現状との対比でゴールを理解できるのでわかりやすいのですが、ここに大きな陥穽《かんせい》があります。

現状について話し合ってからゴールに進むと、ゴールが現状に影響されてしまい、アクション・プランが現状の問題を回避するだけの「対症療法」になる傾向があるのです。

たとえば転職の話を論じても、現状から入ると、「いまの職場がイヤなので、何とかして変わりたい」という話になってしまい、「本来、何の仕事をしたいのか」という本質論が見えにくくなるといったことです。

まずゴールから入って、解決したイメージと目的を明確にすることをめざすほうが、断然すぐれているといえるでしょう。

セルフイメージの手入れに承認を使う

コーチング用語としての「承認」は、特別の意味を持ちます。承認は、たとえ相手の意見に同意できなくても、相手のあり方や気持ちを肯定することです。英語ではアクノレッジメント(acknowledgement)という語を使います。

基本的にコーチングは「肯定」の雰囲気のなかで建設的に進めるものです。批判したり、責めたり、なじったりすることはコーチングとはいいません。要所でクライアントのあり方や気持ちを肯定する。これが「承認」です。すべての人はいずれの場合にも「承認」を欲しています。

人はどれほど承認を欲しているのでしょうか。

人前で話すときに何といってもうれしいのが、うなずきながら聴いてくれる人です。日本人はたいてい、共感をあまり表に出すことはありません。とくに悪気があるわけではないのですが、うなずきながら話を聴いてくれる人は稀です。ですから、うなずきながら聴いてくれる人の顔を見ながら話すことになります。これは、どの人も異口同音にいうことです。

なぜ、うなずいてもらうとうれしいのでしょうか。それはやはり、だれしも「承認」を欲しているの証拠でしょう。欲しているどころか、「渇望」しているといってもいいくらいです。人前で話すたびに、「承認」の重要性を思わずにはいられません。

コーチングの場合、クライアントの話す内容に疑問符を付けざるを得ない場合でも、まず「そうですね」と受けとめる。たとえ話す内容に同意できないとしても、話者の姿勢や気持ちの承認は、いずれの場合もできるわけです。

十分クライアントの話を聴いたあとで、「ただ、□□はちょっと違うと感じましたが、どうでしょうか」と持っていけば、うまくクライアントの意欲を引き出せます。いきなり「それはおかしい」といっては、意欲を引き出すどころではないでしょう。承認はコーチングにおいて極めて大切なものです。

コーチングの最後の仕上げは「承認」です。しかし「承認」だけで問題解決力のないコーチングは空しいものです。

承認を使うのは要所だけ

教育商品の講座を受講していたころ、クラスで「承認がなかった」というコメントをする人がよくいました。どうもそういう人たちの理解では、ちょっとしたことでも針小棒大にほめちぎるのが承認という意味らしいのです。

それではかえって弊害が多いでしょう。承認は是々非々でいくべきです。よければ承認する、でなければ承認しない。たいしたことがなければ、それ相応の承認にとどめるべきです。

承認はのべつまくなしに出すものではなく、要所で締めてこそ効果あり、なのです。

承認するとセルフイメージが大きくなる

「セルフイメージ」というのは、自分で自分をどう評価するか、ということです。セルフイメージが大きい人は、

「自分はこれでいいいんだ。自分はできるんだ。自分には可能性があるんだ」

と思っています。セルフイメージが大きい人は、いつも「今」を大切にしています。「今」するべきことは何なのか、いつも探しながら「今」を精一杯生きているものです。未来や未来の目標を見て「今、何をするか」を考えることはセルフイメージを大きくします。成功する人は必ず「自分は早晩やれるんだ」と考えているセルフイメージの大きな人です。

逆にセルフイメージの小さい人に共通の考え方は、前の失敗にいつまでも囚われていることです。不安や後悔はセルフイメージを小さくする感情です。落ち込めばセルフイメージは間違いなく小さくなります。

セルフイメージが小さい人、つまり自分を過小評価する人は、運とかツキとも無縁で、何をやってもうまくいきません。能力や教養がある人でも、自信喪失してセルフイメージが小さいときには、驚くほど情けない発言をするものです。恥ずかしながら私も、そう遠くない過去に思い当たる一時期がありました。

自信喪失したときは、自分の持っているせっかくの強みをすべて忘れている状態です。コーチングの第一の目的は、その人の強みに意識を向けさせて、本来のセルフイメージを回復すること、そしてこれを手入れして育てることです。

セルフイメージが小さいときに、「将来、どうなりたいか」という質問をしても機能しません。この質問にはかばかしい答えが返ってこないのなら、「セルフイメージが小さくなっているのではないか」と疑ってみるべきです。

セルフイメージを大きくするには、クライアントに承認を注いでいくのがベストです。クライアントの持っているよい点を肯定してあげて、自分だって捨てたものではない、とクライアントが思えるようにしていきます。

暗喩を効果的に使う

コーチングは引き出す助言手法ですから、一般的には質問の技術と理解されているようです。

ところが実際には、要約（サマリー）が負けず劣らず重要です。質問と要約は、吸う息と吐く息の関係といえるでしょうか。質問ばかりのコーチングは、吸う息ばかりで呼吸するようなものです。

コーチングでは、質問に対してクライアントに思いつくままにしゃべってもらいます。そしてその内容を整理するのが、コーチの役目です。複雑な内容を短く明快に要約して、はじめて内容が整理されていくわけです。

要約はメタファー（暗喩）を使うと、よりすっきりします。たとえばつぎのようなものです。

クライアント：「A君は細かいことにこだわって、それが解決しないと先へ進めないのですよ。そのくせ肝心なことにはいいかげんなのです」

コーチ：「なるほど、『木を見て森を見ない』タイプなんですね」

この「木を見て森を見ない」をもじると、こんなメタファーも使えます。

クライアント：「A君はテーマを与えすぎると頭のなかが一杯になってしまい、浮き足立って、仕事が手につかなくなる様子です」

コーチ：「森を見て、木が見えなくなるのですね」
「いったん木を決めたら、森を見ない工夫が必要なんでしょうね」

といった感じです。すっきりしますね。「コーチングの付加価値は要約にあり」なのです。付加価値とは「要約と単純化」です。何事もシンプルで短いほどわかりやすいわけです。

以前、ある人は時間をかけて、

「長年、自分は会社の方針に忠実にやってきたので、そう急に割り切った考え方はできない」

という意味のことをいわれました。私はこう要約しました。

「なるほど、長年犬でやってきたので、そう簡単に猫にはなれない、ということですね」

「はぁ、いわれたら犬か猫かの問題ですよね、確かに（笑）」

これは暗喩を使った要約・単純化の一例です。組織に忠実な姿勢に「犬」、組織に半身の姿勢に「猫」という暗喩のラベルを貼ったわけですが、もちろんあとは「犬」「猫」が何度も対話に登場し、対話がわかりやすく進んでいきます。

5 パーソナル・コーチングの「破」

「今日は何をお手伝いしましょうか」

私は体験コーチングを申し込んでこられた方に、まずこういうことにしています。

「今日は何をお手伝いしましょうか」

この問いに答えることで、相手はセッションの目的を自分ではっきりさせることができるようです。その結果、セッションが明確な方向性を持ちます。あまり脱線もありません。さらにいいのは「お手伝い」という表現です。相手に主体性を持っていただくことを暗に促しているからです。

精神科医だったら、第一声はやはり「どうされました」でしょう。しかし、「どうされました」から始めると、GROWモデルにならず、会話が漂流します。またクライアントが主体性を持たずに依存してくる傾向は否めません。「どうされました」から入るのと「今日は何をお手伝いしましょうか」から入るのとでは、似ているようで大いに違います。

「どうされました」だけでは、相手が自分の窮状を訴えるものの、どうしたいかがはっきりせず愚痴っぽくなる傾向があります。それから「で、どうしたいのですか」と訊いてもいいのですが、すでに愚痴モードに入っており、ロスが多いといえます。

「今日は何をお手伝いしましょうか」と訊いて、「それをアドバイスしてくれるんじゃないんですか」と答えた人がいましたが、こういう人は当然ながら、コーチングを受けるのに向かないタイプです。はじめから依存モードで、コーチングが方向性を持つことが不可能だからです。

つまり冒頭は会話を漂流させて吐き出させ、あとで収拾するのが、従来型のカウンセリングで、会話の最初から方向性を持たせるのが、コーチングということになります。通常の判断力を持った人に対してはコーチングのほうが効率的な対話ができるのです。

また、契約していただいているクライアントの場合は、

「今日は何をうかがっていきましょうか」

ということにしています。

教育商品の講座では、

「今日はどのポイントをクリアにしたいですか」

「今日のコーチングが終わったら、あなたはどうなっていたいですか」

などという言葉が紹介されていました。もちろんこれでも問題ないわけですが、私自身はし

っくりきませんでした。個人個人で自分に合った、オリジナルないい方を見つけるのがよいと思います。

行動より発想を引き出す

コーチングの教育商品では、「コーチングは行動を促すもの」と教えられます。そのせいもあって、経験の浅い人は、クライアントに行動を確約させようと躍起になります。しかし、執拗に行動を促す行為はクライアントからすれば、極めて煩わしいことなのです。

素人がコーチングの正攻法で畳みかけてくるほど、クライアントは、「何もあなたに行動を促してほしいわけではない。それぐらい自分でやるよ」と感じることでしょう。クライアントが欲しているのは「上滑りな行動」ではなくて、「新しい発想」です。たとえば、「そういうことは考えてもみなかった」とか「そういう考え方もあるな」という気付きが「新しい発想」なのです。セッションの最中に「新しい発想」に気付くのが、クライアントが最も満足する瞬間なのです。

コーチングは「行動を促すもの」というよりは、「新しい発想に気付くもの」と考えるべきです。「新しい発想」が確信に変われば、クライアントは自発的に行動するものです。ガチガチに進捗管理をする必要はありません。軽くコミットメントを求める程度で十分です。

一緒に考える

「一緒に考えましょう」

これはなつかしい言葉です。前述したように、私が窮して中小企業診断士のT先生にメールを書いたとき、いただいた返事の最後がこの言葉で結ばれていたからです。

「どうしようもない」「どうしたらいいかわからない」「やるだけやりつくした」という言葉を相手が語ったとき、私はこういいます。

「でも、あなたが私にそれを話すのは、それでも何とかしたい、と思っているからでしょう」

「……」

「このまま現状を受け入れるのも立派な選択肢です。あなたがそうしたいなら、私は何もいうことはありません。でも他の選択肢もあるのではありませんか」

「……」

「どうです、いま一緒に考えてみませんか」

こう持っていくと、通常何かひとつぐらいは答えが出るように思います。もちろん現実はきびしく、それを根本的に解決するようなものではありません。極端な話、部屋を片付けるとか、朝早く起きる、でもいいのです。それによって停滞に風を吹き込むことになるのですから。

注目すべきは、「一緒に考えてみませんか」という言葉の持つ力です。

単に「どうしたらいいと思いますか」では、行き詰まった人のコーチングは難しいものです。「一緒に考えてみませんか」――この言葉が百尺竿頭《かんとう》の一歩を可能にすると思います。

クライアントに対して腰が引けていたら、「一緒に考えましょう」とはいえません。その意味ではコミットメントの高い言葉です。だからクライアントを勇気付けるのです。

引きつけてから撃つ

終了間際に、何か行動を起こす約束をするかどうかがコーチングとカウンセリングの違いであるといえます。行動の約束をするのがコーチングであり、行動につながらなかったらカウンセリングです。

コーチングの初心者ほど、この「行動を導く」という強迫観念で焦ってしまいがちです。まだ早い時点で、行動を導く質問を出す人がいます。当然、これといった答えは返ってきません。猛獣狩りと同じで、撃つ前に十分問題を引きつける必要があるのです。現状分析に8～9割の時間を割く必要があります。

たとえば、どうも最近何をするのも億劫だ、とクライアントがいったとします。この場合、つぎのような質問をぶつけていけば、いくらでも現状分析ができます。

「あなたのいう億劫とはどういう心の状態ですか」

「あなたが億劫なときと億劫でないときと何が違うのですか」

「あなたはどういったことに対して億劫になるのですか」

「あなたはどういった理由で億劫になるのですか」

「あなたは億劫にならないために、たとえばどんなことができますか」

そして最後に、つぎのようにいいます。

「ではあなたは、結局どうしますか」

「それをいつやりますか」

このように、最後に、「引きつけて撃つ」のがよいのです。

固定観念を解体する

体験コーチングで私が一番重視しているのは、相手の「前提」、すなわち「固定観念」です。相手が行き詰まって連絡をとって来た場合は、行き詰まるような前提で問題解決を考えているから行き詰まるわけです。

ですから、「その前提は本当ですか?」という言葉が、コーチングの突破口になるわけです。

たとえば、「自分より部下のほうが仕事ができる」といって肩身を狭そうにしたり、嘆いたりする管理職は多いものです。不肖、私も昔はそうでした。こんなときはこういいます。

「上司は部下より仕事（実務）ができて当然、と思っておられるようですが、必ずしもそうではないのではありませんか。あなたの任務は部下のリソースを目一杯活用して、部署としてのパフォーマンスを最大化することで、そのための上司でしょう？　上司ができすぎると部下はかえって育たないと思うのですが、どうでしょう？」

「前提」（固定観念）を解体したら、斬新な解決案が出ます。もしここで「前提」を解体せず、「じゃあ、あなたが部下より仕事（実務）ができるようになるには、どうすればいいと思いますか？」

とやってしまうと、コーチングが袋小路に行き着くことは必定です。

要は「発想の転換」とか「コロンブスの卵」などと世間でいわれていることを、コーチが指摘できるかどうかがポイントです。「前提」を解体しないコーチングはだれでもできます。コーチはクライアントの「前提」を解体できてこそ、存在意義があるわけです。

ゴールを疑ってみる

「どうもジョギングが続かないので、これをコーチングしてほしい」。こういった狭いテーマを依頼されることはたまにあります。

もちろん、「ジョギングを続けるには」と押していってもコーチングはできます。しかし行き着く先はたかが知れているというしかありません。精神論に終始して、袋小路に入ってしまうことでしょう。

袋小路に入った場合は本質に言及します。

つまり、「ジョギングをしてどうなりたいですか」といいます。

たいてい、「体調を整えたいです」と答えますから、

「では、体調を整えるには、ほかにどんなことができますか」

と振ります。

こうすると、体調を整える内容がすべて扱えるため、断然コーチングがやりやすく、意義深いものになります。

ポイントはことの本質に言及し、クライアントがゴールに向かうことによって何を得たいのかを明らかにすることです。ことによればジョギングするよりいい方法が見つかって、ジョギングはしなくていい、ということになる可能性があります。

クライアントのゴールに関しては、忠実に追いかけるだけではなく、ホントにそれでいいの？と疑ってみることがぜひとも必要です。

「解決できない原因」を外す

クライアントのなかには、もともと解決できないことを問題視して、解決しようと堂々巡りをする人が少なくありません。このような解決できない原因は、指摘して気付かせてあげる必要があります。

たとえば日本は石油が出ません。ですから「石油が出ないのが問題だ」といってしまうと解決のしようがありません。このような解決できない原因をイネビタブル・コーズ（inevitable cause：不可避の原因）といいます。石油に関しては解決可能なことを問題とするしかありません。たとえば、

・備蓄が足りないのが問題だ
・代替エネルギーの研究が足りないのが問題だ
・中東諸国に対する外交努力が足りないのが問題だ

といった具合です。この場合、イネビタブル・コーズは与件（与えられた条件）ということになります。

クライアントにたまにイネビタブル・コーズを出してこられるケースがあります。たとえば、「職場でよい相談相手に恵まれないのが問題だ」というものがありました。

相談相手と思っていなかった人が、何かのきっかけで突如相談相手として浮上する、といった可能性もまったくゼロではないでしょう。しかし、これは日本で油田を掘り当てる可能性に匹敵するといわざるを得ません。とすれば、「職場でいい相談相手に恵まれない」ことをこのクライアントの問題とするのは不適切で、与件（与えられた条件）ということになります。たとえば、

・社外に相談相手を求める努力が足りない
・相談相手なしでやっていく工夫が足りない

というふうに問題を設定し直します。

イネビタブル・コーズが認められたら、冷徹に切り離す、そして問題を解決可能な状態に整理する。わりと高度なテクニックですが、ときとして必要です。

未完了感をとり除く

未完了感というのはコーチング独特の言葉でしょう。達成感の反対語といえばわかりやすいでしょうか。ペンディングのときに発生する「やるせない気持ち」のことです。

この未完了感を抱え込むと精神的な負担となり、うまく管理できなければ精神が蝕《むしば》まれていきます。

一例ですが、ある女性を体験コーチングしたときのことです。相当混乱していて、話しながら涙ぐむという状態でした。彼女は最後にこういったのです。

「実は親戚に子どもが生まれて2カ月になるのに、まだ出産祝いをあげていないんです」

「じゃあ、明日買いに行きましょうよ」

「はい、そうします」

ということで、翌日この未完了感は解決しました。これだけでもだいぶ落ち着いたということでした。

つまり健全な精神状態を維持するためには、ものごとをひとつひとつ片付けていくしかないのです。ともあれ、解決できる未完了感は即刻とり除くように持っていく、これがコーチングの基本です。

この逆も想定できます。ある特別な事情で未完了感が解決できないとします。この場合は未完了感があっても平気なメンタリティーを養わなければなりません。ビジネスに従事していれば、未完了感を持ったまま解決しないことのほうがむしろ多いでしょう。

この場合参考になるのは「将棋」です。相手が攻め込んできて、自分の陣地がズタズタにされるのを防戦しつつ、相手の陣地を攻めなければなりません。「未完了感があっても平気なメンタリティー」を養うには、将棋の対局での「達人の受け」がお手本になると思います。

要は解決できる未完了感は素早く解決し、解決できない未完了感は「達人の受け」を徹底させる。これがパーソナル・コーチングでクライアントの気持ちの整理をつけるコツです。

フィードバックには毒消しをする

コーチングでフィードバックという技法があります。社会一般的にいうと「指摘」のことです。具体的には、以下のような発言をいいます。

「私はあなたが、どうも腰が引けているように感じます」
「あなたはさっきから、できない理由ばかり並べていますよ」

フィードバックは各人の成長のためになされるというのが基本的な考え方です。ただ質問するよりも、より能動的にクライアントに関わる手法です。フィードバックを行なううえでの留意点は、つぎの2点です。

・主観を伝える場合は「私は○○と感じた」と断わること
・客観的事実を伝えるときは、よい悪いというように評価的にならないこと

フィードバックでも、肯定的なフィードバックは何ら問題ありません。反対に、否定的なフィードバックは、だれにとっても受け取るのにそれなりに葛藤があり、通常気分のよいものではありません。たとえば先ほどの例の、

「私はあなたが、どうも腰が引けているように感じます」

「あなたはさっきからできない理由ばかり並べていますよ」

というのは、受け取る側からすれば、かなり葛藤のあるフィードバックです。

それに対処する方法としてよく聞くのは、否定的なフィードバックを受けたら、別の人に同じ内容を話して、肯定的なフィードバックを改めてしてもらい、それで安心する、溜飲を下げる、というものです。それほどフィードバックには「毒」があります。

フィードバックは着地点ではなく、あくまでプロセスの一瞬です。フィードバックで傷ついた、というのでは話になりません。そのフィードバックを踏み台にしてどうするのかがポイントなのです。ですから、フィードバックしたあとは、クライアントがどうすべきなのか、十分セッション中に話し合わなければなりません。

フィードバックはあくまでも経過点です。葛藤の多いフィードバックをしたあとは、前向きの行動を導くことによる、十分な毒消しが必要です。

愚痴を否定せず、光明を見出す

コーチングをやっていると、よくクライアントの愚痴にお付き合いすることがあります。愚痴というのは一種のカウンセリングで、気持ちの整理をつける適応過程です。

どうあっても他人に愚痴を聴いてほしい、という切迫した状況に立つこともあります。この場合、愚痴を聴いてもらっても、すぐに気持ちの整理が進みません。愚痴を聴いてもらった時点ではガス抜きにとどまり、後日気持ちの整理が進むことも多いのです。ですから、断じて愚痴を批判してはいけません。批判されようと思って愚痴を語る人はいないからです。

では、承認すればよいのでしょうか。ここが難しいところで、承認しても同調すべきではないのです。気持ちを認めてあげても、一緒になって同調していけば、クライアント、コーチともども沈んでいきます。その結果、かえってクライアントの足を引っ張ることになるのです。

何らかの光明を見出すこと、これが大切です。いかに暗雲が垂れ込めていても、どこかに希望は見出せるものです。希望に気付くこと、これがコーチングの意義なのです。希望に気付けなければ、パーソナル・コーチングの意義はありません。

「よきこと来たる」——これが成功の一里塚である。

セッションが終わったら、クライアントもコーチもこう思えなくてはなりません。

6 パーソナル・コーチングの「離」

パレートの法則（80対20の法則）を理解してもらう

パレートの法則（80対20の法則）というものがあります。これはイタリアの経済学者ヴィルフレド・パレートが発見した「冪乗《べきじょう》」の法則です。

・仕事の成果の80パーセントは、費やした時間全体のうち20パーセントである。

・80パーセントの完成度までは20パーセントの努力で割と簡単に到達するが、そこから100パーセントにまで上げるにはさらに80パーセントの努力が必要である。

というものです。世間のたいがいのことは20パーセントの努力で80パーセントの効果を出せるわけです。パレートの法則（80対20の法則）を敷衍《ふえん》すれば、人生をどう生きるべきかの方法論が明らかになります。

・努力の平均水準を上げるのではなく、努力を1点に集中する。

・決められたコースを走るのではなく、近道を探す。

・最小限の努力で、人生の支配権を握る。
・網を広げるのではなく、網を狭める。
・多くの分野で平均点をとるのではなく、ひとつの分野で突出した成績を上げる。
・よくよく考えて仕事と会社を選ぶ。
・いちばん得意とすること、いちばん楽しいと思うことだけをやる。
・重要な分野ではすべて、20パーセントの努力が結果の80パーセントにつながるように調整する。
・手当たり次第にチャンスに飛びつくのではなく、気をしずめ、仕事量を減らし、ゴールへの最短距離に焦点を当てる。

パレートの法則（80対20の法則）を理解してもらい、とりあえず20点とることを奨励する。これがコーチングのポイントです。20点でも80点の効果があります。20点でも全然悲観することはないどころか、十分ゴールに近づくことができるのです。

たとえば、「会議で少しも発言できない。自分の存在意義が感じられない」と嘆く管理職の方がおられました。これも少し（20パーセント）発言することで、本人の存在意義は80パーセントまで上がるということです。

小さい一歩を踏み出すことで、問題解決が近づくことが案外多いのです。パレートの法則を理解すると、最低の努力で最高の効果を上げることができます。日ならずして近いうちにクライアントの問題は解決できることを理解してもらい、勇気百倍で取り組んでもらうことが可能になります。

仮説をぶつける

コーチング力の肝《きも》となるのは、「仮説」です。コーチの「仮説構築力」で、コーチングの程度は大半が決まります。

コーチングでクライアントの発想が引き出せないとしたら、それは「仮説」のない質問をするからであるといえます。クライアントの成熟度が低い場合は、「仮説」のない質問では凡庸極まりない発想しか引き出せないものです。

クライアントの成熟度が低い、すなわち仮説構築力が低い場合には、「どうしたらよいと思いますか?」といった質問にうまく答えられません。その代わり、「たとえば私はこう考えますがどう思いますか?」という質問には容易に答えることができます。つまりコーチがクライアントに不足している仮説構築力を補う必要があるのです。

たとえば「あなたの問題は○○で、解決方法は□□の方向にあると感じましたが、どう思いますか?」という仮説を提示します。クライアントの何が課題なのかを明確に仮説で設定できれば、そのクライアントが課題を解決する「答え」の方向性は導き出せます。

「仮説」とは、コーチがクライアントになりかわって「答え」そのものを出すということではありません。もとより、コーチがクライアントに「正解」を提示するのはコーチングの本筋から外れます。しかし「仮説」を投げかければ、正しいのか違うのか、違うとしたら何が違うのか、答えやすくなります。その結果、考えがずっと明確になるのです。

そのためには、「仮説」が大事です。「仮説」というと大層な感じがしますが、ばかげたものでもいいのです。何かヒントになればいい。時間をかけてすぐれたひとつの「仮説」をひねり出そうとするよりも、そのつど「仮説」を出してクライアントにぶつけていくほうがヒットする確率が高くなるのです。高度なコーチングのスキルとして、意識的に大はずれの仮説をいってみるというテクニックもあるほどです。

「仮説」がヒットすれば、クライアントが生き生きしだして、饒舌になります。饒舌になれば、自分で気付くオートクライン（自己分泌）が働きはじめ、コーチングが軌道に乗ります。たとえ結果的に大した発想が出なかったとしても、クライアントは十分満足するものです。

たとえば、転職すべきかどうかで、迷って途方に暮れたクライアントから、

「どうしたらよいかわからないのです」

といわれたとします。こんな場合にまたぞろ、

「どうしたらよいと思いますか」

という質問を返すわけにはいきません。

この場合私は、自分が感じるその人の「固定観念」を仮説として相手に伝えることにしています。もしかすると私の憶測は間違っているかもしれません。しかし、相手は少なくとも「合っている」「間違っている」「部分的に合っている（間違っている）」くらいは明言できるでしょう。たとえば、

「あなたは転職するのに、まずいまの職場をやめることから始めなければならないと思っていませんか」

と仮説をぶつけてみるわけです。仮説がヒットすると、何らかの答えが引き出せます。コーチ側の仮説が、クライアントの答えを引き出す糸口になるわけです。ヒットしなければ第2・第3の仮説が必要なときもあります。

コーチ側の仮説に対するクライアントの返答は3通り想定できます。

・「その通りです」………コーチの仮説がクライアントの考えに変身します。

・「違います」……………「どうして違うのですか」と質問を続ける。

・「ちょっと違います」…「どの部分が違うのですか」と質問を続ける。

コーチングの教育商品では、クローズド・クエスチョン（YES・NOで答えられる質問）

は表層意識までにしか到達しないのに対し、オープン・クエスチョン（YES・NOで答えられない質問）は深層意識に到達するので、本人すら気付いていない情報や可能性を引き出すことができる、とあります。

しかし、クライアントが途方に暮れているような場合、オープン・クエスチョンは向きません。この場合、コーチの仮説にクライアントがYES、NOをいうのでもいいのです。コーチの仮説にクライアントがYESといった場合は、クライアントがその仮説を答えとして選びとったわけです。クライアントが選びとった仮説は、コーチの「押し付け」や「誘導」ではなく、立派にクライアントの答えです。これも立派な「引き出し」なのです。

補助線を引く

ある男性の体験コーチングでした。

30代後半になって会社人生の先は見えた。このままいって明るい未来があるとはとうてい思えない。かといって妻子もあり、どうしていいかわからない。進むべきか、退くべきか、どうしようか、というご相談を頂戴したことがあります。

ご本人はもう迷いに迷って堂々巡りから抜け出せない。「あなたはどうなりたいですか、いま何ができますか」などという質問はまったく回答不能でした。通常のコーチングでは手が出せません。

こういうときはまず補助線を引いてあげれば、堂々巡りを抜け出すきっかけが見出せます。補助線とは学生時代の幾何でやった、あの手法です。補助線を引くことによって問題が解けるのです。

私が引いた補助線はつぎの通りです。
・そもそもサラリーマンをしている限り、会社の事情でどうなるかわかりませんよ。
・60になれば必ず定年退職が待っていますよ。
・つぎの設計図が100パーセント描けてからでないと、退職してはだめですよ。
・あなたの当面の使命は「出世」「成功」ではなく、「サバイバル」ではありませんか。
・あなたは現在職についていて、境遇は決して悪くないですよ。
・十分「サバイバル」できるはずです。
このように補助線を引いたうえで、私はこういいました。

「どうですか、こう考えたら、あなたのいまの境遇、違ったように見えてきませんか？」

この人は「何だか、元気が出てきました」といって、ずいぶん饒舌になりました。補助線の効果は歴然です。「まだまだ、やりようはある」とこの人は気付いたわけです。

前述したように、コーチングであっても要所で方向性をコンサルティングしなければなりませんが、ポイントを数点固めてコンサルティングし、その枠組みから発想してもらうのが、補助線を引くというやり方です。このケースで引いた補助線は、他の類似のケースでも転用可能です。

目上の人との問題には、こうアドバイスする

上司や親といった目上との対人関係で、軋轢が絶えない、といった悩みをクライアントから持ちかけられることはよくあります。

とあるクライアントによれば、上司のすべてがイヤで、整髪料の匂いですらイヤなのだそうです。会社の最寄りの駅を通るだけでも憂鬱になる、とおっしゃっていました。

そうかと思えば、父親と口論が絶えず、何とかしなければと思いつつも、口を開けばまた口論になる、というクライアントもおられました。

目上の人との対人関係のコーチングの基本な手順はだいたい共通しています。失礼ながら、これはパターン化できてしまうのです。

①クライアントの愚痴は一切否定せず、「大変ですね」と承認する。
②目上の相手のありようは、性格なんだから仕方がない、と早くあきらめることをすすめる。
③目上の相手に対するマイナスの感情をつかまず、やり過ごすことをすすめる。

④目上の相手に対しては、避けずに礼儀正しく、明るく挨拶することをすすめる。

①〜③はカウンセリングのフェーズ、④はコーチングのフェーズです。

カウンセリングのフェーズでは、まずは絶対に批判せずに、愚痴をクライアントの味方になって傾聴します。コーチはクライアントの100パーセントのサポーターなのです。

次に「あれは性格なんだからしようがない」と思って早くあきらめることをすすめます。年をとればとるほど、頭も性格も固くなります。目上の相手が変わることなど絶対にないのです。

最後に、いかに軋轢があろうとも、マイナスの感情をつかまず、やり過ごすことをすすめます。相手に対するマイナスの感情はつかまない。心のなかで繰り返し反芻したりせず、電車の車窓から見える景色のごとくやり過ごす。そして忘れてしまう、ということです。相手と和解できなくてもよいのです。クライアントがストレスをためないよう、メンタル面の工夫にお付き合いします。

コーチングのフェーズでは、避けずに礼儀正しく明るく挨拶することをすすめます。基本的に距離を置くにしても、避けずに礼儀正しく明るく挨拶すること。クライアントの苦手意識が態度に出ると、対人関係に新たな火種をつくるからです。苦手意識を払拭するうえでも、避けずに挨拶することが肝心です。

以上の手順ですすめ、コーチングのフェーズでクライアントに応じた具体的な行動を導ければ、コーチングは成功です。

間違ってもするべきでないのは、目上の相手との和解をすすめることです。目上の相手というのは、生易しい存在ではありません。確執がある目上の相手と和解しなさいといっても、まずできる人はいないのが現実です。

良書を取り次ぐ

私個人が行使できる影響力・感化力は限られています。しかし、よい書籍を紹介することによって、自分の影響力・感化力を何十倍にもすることができます。

私は、単に書籍を紹介するだけでなく、書籍の抜粋をつくっています。具体的には、自分がいままで読んできた書籍の気に入った一節をインプットして、ホームページの隠しページにしてストックしています。１００近くあると思います。そして必要なときにクライアントにメールして、文中のリンクで紹介するのです。

良書の助けを借り、古今の偉人の力を借りることで、コーチングの効果は何倍にも上がります。それは私の力ではなく、良書の力です。とはいえ、取り次ぐことによってコーチングの効果が何倍にもなるのなら、良書を取り次げるのもコーチの実力のうちです。

7章

ビジネス・コーチングに一家言を持つ

～経営者・管理職のコーチや、研修講師をするには

1 ビジネス・コーチングの素養は不可欠

コーチングのプロなら当然

ビジネス・コーチングとは職場におけるコーチングのことです。一般的には、上司が部下をコーチングすることをいい、テーマが仕事に限定されます。ビジネス・コーチングは組織に所属することを前提に行なう、コーチングの限定された一分野なのです。

なぜ、「ネット・コーチング」を謳《うた》った本書でビジネス・コーチングに触れるのかというと、経営者や管理職をコーチングするには、ビジネス・コーチングについても一家言《いっかげん》を持っていないと話にならないからです。経営者や管理職は当然あなたをコーチングのプロと見ているわけで、ビジネス・コーチングに基づいた提言を期待しているのです。

またホームページを経由して一般企業・官庁・学校・病院などから研修・講演の依頼がありますが、例外なくビジネス・コーチングがテーマです。

つまりネット・コーチング従事者は、最低でも研修講師がつとまる程度にビジネス・コーチングを理解できていなければなりません。

最終章では、ビジネス・コーチングの勘所について、本書ならではの解説を試みることにしました。ここに述べた程度の知識が前もってあれば、経営者・管理職の相手はずいぶんやりやすいでしょう。

パーソナル・コーチングとの相違点・共通点

ビジネス・コーチングはコーチングの一分野ですから、コーチングとしての基本は同じです。ただし、パーソナル・コーチングとは違う、つぎのような特徴があります。

①組織に所属することが前提であること

組織をやめれば、ビジネス・コーチングは成立しません。

②方針や目標の設定は組織がやってくれること

与えられた目標を方針通り達成すればいいのです。

③カウンセリングのフェーズがない純粋のコーチングであること

ビジネス・コーチングはコーチングらしいコーチングになります。

一方、パーソナル・コーチングとの共通点は、

「会話術のウエイトは1割。あとは人間力の勝負」

であることです。ビジネス・コーチングは考え方をキチンと押えれば、会話術をあまり気にする必要はありません。あとは上司の人間力だけの勝負です。

2 ビジネス・コーチングとは何か

コーチング・スキルを使った説得術

ビジネス・コーチングとは何か。

もちろん例外はあるのですが、ビジネス・コーチングとは、**コーチング・スキルを使った説得術である**といってしまっていいと思います。8〜9割のケースがこれに相当するでしょう。

たとえば上司がすでに答えを持っているのですが、あくまで問いかけて部下に答えさせるというものです。たとえばつぎのような問いかけです。

「君、これはどうするつもり?」

「それだと、○○という問題が出てくるわね。これはどうするの?」

「う〜ん、その考え方はあまり賛成できんな。たとえばこう考えてみたらどう?」

「そう、だがまだこの問題は残ってるね。これはどうするの?」

「まぁ、そんなとこかな。君ならやれるだろう。いつまでにできそうかな?」

「じゃあ、しっかり頼むよ！」

単に「○○するように」と指示するのにくらべて、コーチング・スキルを使ったほうが断然やる気が出るのがわかるでしょう。コーチング・スキルは押し付けや命令がなく、すべて部下が自分で選択し、自分で決めたという形をとるからです。

部下のなかには必ず、意欲にとぼしく、当事者意識が低い人がいるものです。というより、もともと部下とはそういうもの、と割り切るくらいでちょうどいいのかもしれません。

上司が部下からやる気を引き出すとはどういうことなのか、これはひとえに「納得させる」ことに尽きるでしょう。納得すれば自発的に動きます。もし、何もいわなくても部下が率先して仕事をするとすれば、それは日頃の「納得させる」努力のたまものだといえます。

部下を納得させるにはやはり説得しかありません。**ビジネス・コーチングは、質問型の対話で説得するというアプローチです。**辛抱強く対話を重ねていきながら、上司と部下の意識の格差を埋めていく作業ということになります。

説得は説教とは違います。説得は対等ですが、説教は上からものをいうことです。説教は必ず背景に「批判」がありますが、説得は「批判」があってはうまくいきません。

説教は上司の権限を行使して命令したり、上司の立場をかさに着て感情的になったりということがありますが、説得は上司の権限や立場を一切使いません。使った時点で「説得」ではなくなるからです。

ビジネス・コーチングは、あくまで忍耐強く説得することです。指示すれば1分ですむことが30分かかるかもしれません。しかし30分後に部下が「納得」していれば、以後自発的に動いてくれるので、それだけの時間をかける値打ちは十分にあるということになります。

ビジネス・コーチングを忍耐強く使えば、**部下が自発的に考え、自発的に動いてくれる、意欲・活力にあふれた職場をつくることができます。**何の変哲もない普通の人材から、やる気集団が生まれるのです。ただの小麦粉と卵からおいしいケーキができるようなものでしょうか。

コーチングとコーチング・スキル

ここで、コーチング・スキルという言葉について軽く説明しておきましょう。コーチング・スキルとコーチング、私はこの2つを分けて使っています。どう違うのかというと、

コーチング・スキル：　コーチ側が答えを持っている
コーチング：　コーチ側が答えを持っていない

大まかな方向は決まっているが、細部が決まっていない場合もコーチングに入ります。ねら

いは異なっていて、

コーチング・スキル：　相手の意欲を引き出すのが第一の目的
コーチング：　　　　　相手の発想を引き出すのが第一の目的

もちろん意欲と発想は相関関係にあり、意欲を引き出せば発想が、発想を引き出せば意欲が引き出されるわけですが、右記のように単純化できます。

世間でビジネス・コーチングというのは、たいてい「コーチング・スキル」のほうです。コーチング・スキルであってもコーチングであっても、外から見ている限りは同じに見えます。

では、具体的にどう違うのかというと、

コーチング・スキル：　あたかも相手が自分で発想し、自分で選択したかのように錯覚させる
コーチング：　　　　　相手が自分で発想し、自分で選択する手助けをする

上司と部下でともに解決策を練り上げるという場合はコーチングに入ります。

以上をまとめると、

相手のレベルが低ければ、コーチング・スキル
相手のレベルが高ければ、コーチング

つまり相手のレベルに応じてコーチング・スキルとコーチングを使い分ける必要があるのです。相手の成長にともなって、コーチング・スキルから本物のコーチングに進化していくのがあるべき姿です。レベルの高低は相対的なものであり、よい悪いということではありません。

世の中ではコーチングと称していますが、実際はコーチング・スキルどまりのケースが多くあります。たとえば「子育てコーチング」「教育コーチング」などといったものはコーチングの要素がまったくゼロでないにせよ、実際はコーチング・スキルでしかないわけです。

日本でコーチングは、まずマネジメント手法としてマスコミで紹介されました。その結果、コーチング＝コーチング・スキルといった皮相的な見方が蔓延しているように思います。コーチング・スキルというのはコーチングを意欲の引き出しに限定して応用したもので、コーチングの一部ではありますが、すべてではありません。コーチング・スキルとコーチングに分けて理解すれば、より正しくコーチングが理解できるでしょう。

3 外的コントロールの排除とは

相手を変えることはできないと知る

ビジネス・コーチングで押えるべき考え方は、ただひとつ、

「外的コントロールを排除する」

ということです。外的コントロールというのは「選択理論」心理学の用語です。

「選択理論」心理学の大家ウイリアム・グラッサー博士（William Glasser 1925～）の言葉をかんたんに紹介してみましょう。

①ひとが不幸な理由の大半は、満足できる人間関係を持っていないことである。

②ひとが満足できる人間関係を持っていないのは、どちらかあるいは両方が、関係を改善しようとして、外的コントロール心理学を用いているからである。

③そのような関係からは苦痛がもたらされるので、どちらかあるいは両方が、相手が用いて

いる外的コントロールから逃れようとしている。

外的コントロール心理学の表われ方は、致命的な7つの習慣となる。

①批判する、②責める、③文句をいう、④ガミガミいう、⑤脅す、⑥罰する、⑦ほうびで釣る

この習慣が実践されるところでは、基本的欲求が充足されず、問題が発生する。

うなずける指摘ですね。

人類の大半はまだこの考え方、すなわち外的コントロールこそ諸悪の根源という事実に目覚めていません。

相手を外的コントロールで変えられる、いや変えなければならないと信じ込んでいるため、お互い不愉快極まりない思いをして、ストレスを抱え、悲劇を生んでいるのです。

一時的に強制できたとしても、人を外的コントロールで変えることはできません。また、外的コントロールでは決して幸せになれないというのが真相なのです。

外的コントロールを回避するには、質問型のコミュニケーションを使い、相手にとるべき行動をみずから選択してもらえばよいのです。外部から強制された行動はハッピーではありませんが、自分で選択した行動はハッピーだからです。同じ行動でも、それにいたるプロセスの違

いで精神状態や意欲に雲泥の差が出ます。たとえば、

「例の件、どうするつもりなんだ。今日中に何とかしろよ」

と命令口調でいわれるのと、

「例の件、どう処理したものかな？」

「見解書にまとめてはどうでしょう」

「何時までにできるだろうか？」

「今日中には上げておきます」

では、後者のほうが圧倒的にすぐれています。何といっても、ストレスなくのびのび仕事できます。もしかしたら、もっとうまいやり方があるかもしれないし、その仕事はそんなに急いでやる必要がないかもしれません。後者のほうが明らかにそうした知恵が出やすいでしょう。

つまり、ビジネス・コーチングとは「質問型コミュニケーション」を使い、外的コントロール（強制）を排除して、相手にとるべき行動をみずから選択してもらう」という行為なのです。外的コントロールとはひと言でいえば「強制」ですが、質問している限り、相手に「選択の余地」を与えざるを得ず、外的コントロールは事実上行使できないわけです。

「外的コントロールを排除する。そのために質問型のコミュニケーションを使う」

ビジネス・コーチングといっても、要はこれだけのことです。この考え方をキッチリ押さえ

れば実に簡単です。

ポイントは一にも二にも、「外的コントロールの排除」に尽きます。極端な話、外的コントロールの弊害が理解できたら、コーチングなんかどうだっていいのです。**コーチングは「外的コントロール・ゼロ」をサポートする手法だといってもいいくらいだからです。**

社会変化と外的コントロール

外的コントロールに対する認識は、時代とともに変わってきました。

1960年代の終わりは、『巨人の星』や『アタック№1』といった、いわゆる「スポ根」もののアニメが放送されていました。あのスパルタ式の鍛え方は外的コントロールそのものです。当時はあのような外的コントロールの教育法がよしとされたわけです。しかし、いまはスパルタ式のやり方は、まったくはやりません。

1983年には、NHKで連続テレビドラマ『おしん』が放送されました。主人公のおしんが、いろいろな人からいじめられながらも耐え忍ぶストーリーは、見ていても、「あ〜、かわいそう」と思ったものです。『おしん』は当時としても、むしろ「古い」タイプのドラマでした。

これに対して、近年放送されているドラマは、もっとストーリーが飄々《ひょうひょう》として軽い印象です。何が違うのでしょうか。

『おしん』はストーリーに相対的に外的コントロールが多いのです。これに対して、近年のドラマは相対的に外的コントロールが少ないというわけです。

最近は韓国ドラマがはやっていますが、こちらも外的コントロールが多く、ストーリーが「古い」傾向があります。そのために郷愁を誘うのです。

つまり、昔は外的コントロールが当たり前、いまはそれがないのが当たり前というわけですが、これは社会的な変化があったからです。その変化とは、経済の高度成長から低成長への転換です。

高度成長期はつくれば売れた時代でしたから、過去の成功体験の踏襲でOKでした。その場合はマネジメントも指示・命令して、あとは外的コントロールで締め上げるというやり方でよかったわ

	高度成長期	低成長期
基　調	インフレ	デフレ
時代背景	つくれば売れた時代	衆知を集めなくては勝てない時代
主　導	製造主導	営業主導
成功体験	過去の成功体験の踏襲でＯＫ	過去の成功体験は失敗のもと
マネジメント	指示・命令・外的コントロール	質問による引き出し（コーチング）
部　下	指示通り動く	自発的に動く
ストレス	大（軍隊的）	小（クリエイティブ）
効　率	低い	高い

けです。指揮系統は硬直しており、職場のストレスは大きく、効率もよくありませんでしたが、これで十分やっていけたわけです。

低成長期はものが売れず、衆知を集めなくては勝てない時代です。こんな時代にあっては過去の成功体験は失敗のもとです。世の中も格段に複雑になってきています。上司の指示・命令だけでは対応不能で、社員が自律的・自発的に動くのでなければとても組織として生き残っていけません。そこで、外的コントロールを排除したマネジメント手法であるコーチングが注目されたのです。コーチングを用いると、外的コントロールに比べて職場のストレスは小さく、クリエイティブで効率もよくなります。

高度成長から低成長への転換点は、1973年のオイルショックです。つまり70年代から80年代にかけて、外的コントロールでよかった社会から、外的コントロールを受け入れない社会への移行を開始したと考えられます。

現在でも、外的コントロール時代の残滓《ざんし》が世間に根強く残っています。まだまだ多くの人が「外的コントロール」を信奉しているのです。私自身も、外的コントロールを長い間正しいことと理解していました。十分人間力のある人が、外的コントロールについて誤解しているため、ストレスに満ちた職場運営を行なっているケースは、まだまだ多いと思われます。

外的コントロールが横行している組織は、衆知を集めることができないために、パフォーマンスが低いのです。コーチングのセミナーの意義は、衆知を集めることができる組織をつくるために「外的コントロールを糾《ただ》す」、この一点に尽きると考えます。会話術などは二の次です。

新旧世代のギャップ

いまの職場は、外的コントロールがよしとされた時代に教育を受けた古い世代と、外的コントロールを受け入れない時代に教育を受けた新しい世代が混在しています。「過渡期」というわけです。

古い世代には外的コントロールを当然と考える向きがまだまだ多い。これに対して、新しい世代は外的コントロールを受け付けないのです。その結果、古い世代と新しい世代の間で歴然とした価値観の相違が認められ、いろいろな軋轢が起こるというわけです。このように外的コントロールの観点から現在の職場の状況をとらえると、よく理解できます。

経営者・管理職は、外的コントロールがよしとされた時代に教育を受けた古い世代が大半です。ということは、部下の機嫌をとるかのようなビジネス・コーチングの会話術には抵抗を感じる人が大半なのです。経営者・管理職に会話術の観点からビジネス・コーチングを語ると、まず受けないと思います。

ビジネス・コーチングのセミナーを受けた管理職で、たまに「コーチングはダメだ。あんなもの使えない」と断ずる向きがあります。これはセミナー講師が悪いから起こる現象です。世間では講師の多くが「コーチングは会話術」と紹介しています。そんな説明をされたら、その「軽さ」「胡散臭さ」「幼稚さ」にあきれかえって、閉口するのがむしろ当然でしょう。経営や人使いはそういった軽薄なものではないからです。

経営者・管理職への研修・講演やコーチング・セッションでは、外的コントロールという観点からビジネス・コーチングを説明すると、身を乗り出して聞いてくれることでしょう。

あとは上司の人間力

職場のコミュニケーションがうまくいかないとすれば、

①外的コントロールがあるか

②上司の人間力が足りないか

①、②のいずれかと断言していいでしょう。

外的コントロールがないのに職場のコミュニケーションがうまくいかないとすれば、原因はただひとつしかありません。上司の人間力が不足しているということです。これはコーチングを習っても解決にはなりません。人間力は時間をかけて、総合的に身につけるしかないものだからです。

相手に選択の幅を与える

指示・命令とは反対のマネジメント形態として、質問型のコーチングがありますが、私個人は両者の折衷型のリコメンデーション（うながす・すすめる・推奨する）を多く使います。

職場では、「○○さん、それやりませんか」「○○さん、それやりましょうよ」とよくいいますが、これは指示・命令でも、コーチングでもありません。ずばり、リコメンデーションです。リコメンデーションは外的コントロールとも無縁です。トーンは「明るく、マイルドに」がポイントです。

リコメンデーションは、質問せず、かつ相手に選択の幅を持たせるコミュニケーションで、スピーディーでテンポがいいのが特徴です。それに、たとえ拒絶されても、即コーチングにつなげることができます。たとえば、こんな感じです。

「○○さん、それやりませんか」
「いや、やめたほうがいいと思います」
「そうですか、ではどうするのがベストでしょうか」

どうですか。摩擦なくスムーズにつながるでしょう?

いずれにしても、相手に選択の余地を与えること。これがコツです。

4 SL理論に学ぶリーダーシップ

指示と支援を使い分ける

米国オハイオ大学で研究された有名なリーダーシップ論にSL理論（Situational Leadership Theory）というものがあります。部下の成熟の度合によって、リーダーシップのスタイルを変えていかなくてはならないという理論です。

大雑把にいって、リーダーシップは指示（命令）と支援（相談による引き出し）から成り立っています。**支援（相談による引き出し）の別称がコーチングです。**

①部下の成熟度が低いときは指示が主体で、支援は少ないのがよい（新人の部下に相談しても、何も出てこない）。

②部下の成熟度が中程度にいたるまでは、指示を減らし、支援を増やしていくことが必要である（2〜3年目の部下の場合は、自分で考えさせないと育たない）。

③部下の成熟度が中程度以上のレベルに達した場合、指示も支援も減らすことが望ましい（ベテランの部下の場合は、部下のほうがよく知っているので、必要以上の介入はよくない）。適切なリーダーシップ・スタイルは下記のように変化していきます。

①指示リーダーシップ→②支援リーダーシップ→③委任リーダーシップ

コーチングは、成熟度が中程度にいたるまでの②の段階で最も効果のある手法です。コーチングを見境なく、①や③の段階に適用しようとすると失敗します。コーチングは決して万能ではありません。相手のレベルの見極めが大切です。

2〜3年目の社員に、いつまでも新入社員同様の指示・命令をしていると、社員は考えなくなり、指示待ち人間になってしまいます。指示・命令は、新入社員にはよくても、2〜3年目の社員に対しては、育つ芽を摘んでしまうやり方なのです。

挙句の果てには、仕事がうまくいかなかった場合、「上司の指示が悪かったからだ」「自分は指示通りやった」と文句をいうようになってしまいます。ですから、②支援リーダーシップでは指示を減らし、支援（コーチング）を増やしていくことが必要です。

②支援リーダーシップが行き着く先は、③委任リーダーシップです。この段階になると、指

示も支援も減らす代わりに、組織の意思決定に関わる度合を増やしていきます。つまり、幹部会に出席してもらい、発言してもらえばよいのです。こうすると放任にはなりません。

「落下傘降下」人事にはコーチング

リーダーシップは通常、

①指示→②支援→③委任

と進化していきますが、逆に、

③委任→②支援→①指示

と進んでいくケースもあります。

たたき上げでその部署の長になるのではなく、他の不慣れな部署に長として赴任することを、俗に「落下傘降下」人事と呼びます。落下傘降下で、上司がまったく違う組織の長に人事異動で来た場合を考えてみます。この場合上司が何もしなくても、組織の業務は流れてはいきます。しかし、組織が問題を抱えていて介入を必要とする場合、上司は白紙の状態から徐々に食い込んでいかなければなりません。

この場合、リーダーシップは、

③委任→②支援→①指示

の逆順に食い込んでいく必要があり、上司の器量が試される難しいアプローチといえます。

落下傘降下人事では、

・部下のほうが仕事ができる

・部下がすべてを把握している

状態です。赴任当初は部下から仕事を教えてもらわなければならないのですから、コーチングは落下傘降下人事においては必須のスキルなのです。

コーチングは、部下に任せて考えさせるという、いわば「他人のふんどしで相撲をとる」手法です。そして他人のふんどしで相撲をとることを恥とせず、むしろ部署のパフォーマンスが最大化できるのをもってよしとする手法でもあります。

寡聞にして「落下傘降下にはコーチング」というキャッチ・フレーズを聞いたことがありませんが、そういった環境でやっていくための唯一無二の方法ではないかと思います。

落下傘降下で着任したカルロス・ゴーン日産自動車社長は、着任後、同社の管理職全員にコーチングを学ばせています。ゴーン氏がマネジメント手法にコーチングを使ったのは必然だったわけです。

著者略歴

杉本　良明（すぎもと　よしあき）

コーチング実践会代表
1959年兵庫県出身。関西学院大学経済学部卒業。

専門はシステム開発と語学（英語・中国語）。

コーチングにインターネット・マーケティングを取り入れたネット・コーチングを実践、ネット・コーチングの草分け的存在である。

本業にコーチングを活用するかたわら、コーチングのプロとして活動し、個人クライアント多数。官庁・病院・一般企業の研修講師も担当。大阪府中小企業家同友会会員。

ホームページURL：http://www.cwo.zaq.ne.jp/coach/

ネット・コーチングで開業しよう！

平成18年4月18日　初版発行

著　者　杉　本　良　明
発行者　中　島　治　久

発行所　同文舘出版株式会社
東京都千代田区神田神保町1-41　〒101-0051
電話　営業03（3294）1801　編集03（3294）1803
振替　00100-8-42935　http://www.dobunkan.co.jp

印刷／製本：東洋経済印刷
ISBN4-495-57071-4
Printed in Japan 2006